INSIDE VANGUARD

LEADERSHIP SECRETS FROM
THE COMPANY THAT CONTINUES TO REWRITE
THE RULES OF THE INVESTING BUSINESS

インサイド・バンガード

世界最強の資産運用会社

チャールズ・エリス　Charles D. Ellis
鹿毛雄二＋鹿毛房子［訳］　Yuji Kage＋Fusako Kage

日本経済新聞出版

Inside Vanguard

by Charles D. Ellis

Japanese translation rights arranged with

McGraw-Hill Education, Inc.

through Japan UNI Agency, Inc., Tokyo.

亡きデビッド・スウェンセンと
ウィリアム・ルーカイザーに捧げる

III 組織作り 143

IV 業界をリードする技術革新 241

本書の主要登場人物

ジョン（ジャック）・ボーグル　バンガード・グループ創業者
ウォルター・モーガン　ウエリントンの創業者。大学卒業後のボーグルを雇用する
ロバート・ドラン　アイベスト社（ＴＤＰ＆Ｌ社）の創業者の一人
ニコラス・ソーンダイク　アイベスト社（ＴＤＰ＆Ｌ社）の創業者の一人
スティーブン・ペイン　アイベスト社（ＴＤＰ＆Ｌ社）の創業者の一人
ジョージ・ルイス　アイベスト社（ＴＤＰ＆Ｌ社）の創業者の一人
ジェイ・シャード　ドレクセル・ハリマン・リプリー社の幹部。ボーグルの義兄弟
ジョン・ネフ　ウエリントンの運用責任者。「ウィンザー・ファンド」を長年運用した
ディーン・ルバロン　バッテリーマーチ・フィナンシャル・マネジメント社の社長
ジャック・ブレナン　バンガードのＣＯＯ。のちにボーグルの後を継ぎＣＥＯとなる
ビル・マクナブ　ブレナンからバンガードのＣＥＯ職を引き継ぐ
ティム・バックリー　マクナブからバンガードのＣＥＯ職を引き継ぐ
ガス・ソーター　バンガードのＥＴＦ進出を主導。のちに同社の最高投資責任者

はじめに

バンガードは、約50年前にほとんどゼロからスタートした。二、三十人の社員が、11本の投資信託（ミューチュアルファンド）の単純な事務管理を行っていたが、それも投資家の解約が続き、会社の運用資産額は減少傾向にあった。当時のバンガードは、投資信託事業の根幹である販売も運用もできない状況にあった。その上、経営を全面的に依存している親会社との関係も最悪だった。バンガードの社長は、激しい社内抗争の末に、そこから追放されたばかりだった。

今日、バンガードは世界最大で、最も尊敬される投資信託会社である。主要な競合他社3社の合計より多い3000万人の顧客と8兆ドル以上の運用資産を持ち、そして、今なお急成長を続ける。

同時に、バンガードは投資信託業界を変革し続け、今後もこの業界に変革をもたらし続けるだろう。

もしあなたが、私や私の家族と同じようにバンガードにお金を預けて投資をしている3000万人のうちの1人なら、バンガードの誠実な投資サービスと低コストの恩恵を受けているはずだ。バンガードを知らない人には、この会社がどのように発展し、業界の変革者となったかを、心躍る冒険物語として楽しんでいただきたい。

経営者個人の信念と行動が大企業の企業理念となることは、まれである。特に何十年にもわたる激動の時代にあっては。そして、このバンガードの冒険物語を読めば、ジャック・ボーグルの信念がいかにして今日のバンガードの不朽のDNAとなったかが、読者の皆様におわかりいただけると思う。創造力、やる気、克己心にあふれる起業家が、さまざまな困難を乗り越えて会社を発展させていった。ジャック・ボーグルの創造力と毅然とした気力なしには、バンガードは理念もなく、その存在もなかっただろう。そして、ジャック・ブレナンがベストのタイミングで最高経営責任者（CEO）を引き継ぎ、その後、ビル・マクナブとティム・バックリーが続かなければ、今日の大きな成功には至らなかっただろう。

バンガードが設立された頃は、投資家は運用機関を選ぶにあたり、手数料のもたらすコストには関心がなかった。しかしバンガードは、投資家とその資産を引き付けるために、手数料の安さを掲げた。そしてアメリカの超高金利時代に、マネー・マーケット・ファンド（MMF）が新たに売り出された。短期国債やコマーシャルペーパー（CP）のような安全な短期証券で運用され、これはどこで買ってもほとんど変わりがないので、手数料の安さが、投資家にとって重要な意味を持つようになった。運用コストの管理を重視するバンガードの手数料は業界で最も低かったので、すぐに圧倒的なマーケットシェアと資産を得た。

その後時をおかず、バンガードはその強みを生かし、債券ファンド全般へと手を広げていった。そして再び投資家はバンガードの低コストに注目し、バンガードの資産はさらに拡大した。資産残高が増加すれば、コストと手数料をますます引き下げることができる。この方式で、また幸運も重なり、バンガードは株式ファンドに乗り出した。ジョン・ネフが運用する株式ファンドを売り出したのだ。このファンドは好成績を上げ、さらに低コストだったので、手数料を次々と引き下げていくにつれて、バンガードの評判はうなぎのぼりになった。一方、他の投資信託会社は、手数料を引き上げていた。

バンガードの低コスト・低手数料戦略は、他にはないユニークな会社の構造によって実現した。同社は相互会社方式の投資信託会社である。バンガードのファンドがバンガードの出資者だ。すなわち、ファンドに投資をしている人たちが間接的に出資している。株式会社形式の会社とは異なり、外部の株主の利益を考えなくてもよい。つまり顧客である投資者の利益だけを考えることができる。

強力な「外的要因」により、バンガードに大きなビジネスチャンスが訪れた。上場投資信託（ETF）とインデックスファンドだ。これまで何十年もの間に「アクティブ」運用の環境は変化し、インデックスファンドに勝つことが徐々に難しくなってきた。

その結果、ダーウィンの法則が働き、成績不良の運用会社は次々と廃業するようになった。

好成績の運用会社だけが今も競争を続けている。その背景には、ファンドマネジャーが手に入れる情報が以前と比べて質量ともに急増し、すぐに投資家に伝えられるようになったという事情がある。すべてのプロの証券市場関係者は、あらゆる情報をただちに処理する先端コンピューターシステムとブルームバーグ端末を持っている。

取引量は信じられないほどに増加し、さらに重要なことに、かつてはプロによる取引量が10パーセント以下だったのに対し（銀行業が1つの州内でしか行えなかった時代、信託業務を兼営する小規模銀行が全米で1万4000行以上あった）、今や90パーセントを超えるようになった（ヘッジファンドと強気のアクティブマネジャーが主導している）。そのため、ほとんどの売買は、プロとプロとの間で行われ、プロはみんなほとんど同時に、ほとんど同じ先端情報を共有する。その結果、誰かが一人勝ちすることはとても困難になった。コストと手数料の勝負となり、それ以外で勝つことが難しくなった結果、89パーセントのアクティブファンドは、長期的に自分の選択した市場において勝つことはおろか、市場と同じ成績を上げることさえも難しい。

こうして、バンガードのインデックスファンドとETFは大きく成長することができた。バンガードの取り扱うアクティブファンドも、手数料の低さを訴求することで成長を遂げている。この低コスト戦略のおかげで、バンガードは徐々に退職年金の分野で重要性を増す401k〔米国の企業型確定拠出年金の1つ〕ファンドの巨大な運用会社となっている。

すでに十分低い手数料率のさらなる引き下げには限界があるが、バンガードは今後、毎年5

億ドルを超える投資資金を画期的な新規サービスに振り向けることができる。そして、これからも投資サービス業界に変革をもたらし続けるだろう。バンガードの冒険は続く。

チャールズ・エリス

I

始まり

第1章 ジャック・ボーグルの生い立ち

バンガードの創立者ジャック・ボーグルの父ウィリアム・ボーグル・ジュニアは1896年にアメリカ・ニュージャージー州のモンクレアで生まれ、母ジョセフィーヌ・ヒプキンスは同じ年にブルックリンに生まれた。両親共に裕福な家庭の出身で、2人は1924年に結婚し、ニュージャージー州ベローナの大きな家に住んだ。最初に生まれた双子の娘は生後間もなく亡くなった。その後、1927年、兄ウィリアムが誕生し、バッドと呼ばれた。1929年5月8日にはさらに双子のデビッドとジョンが生まれた。母はジョンをジャックと呼んだ。

ジャックの名前は祖父からもらったものだが、後にジャック自身は曽祖父のフィランダー・アームストロングを「人生の師」と仰いだ。アームストロングは、著書『盗みのライセンス――我々は生命保険会社から収奪されている』（*A License to Steal: How the Life Insurance Industry Robs Our Own People of Billions*）を出版し、講演では読者1人当たり2・5ドルを払って保険契約者組合に入るように勧め、そして、保険会社には、いかがわしい法律、不正確な会計、死亡率、利益、契約執行や保険料によって契約者から巻き上げた巨額の資金を吐き出すように、と主張した。

ボーグル家の人々は、数年間、遺産で何不自由なく過ごした。ジャックによると、母は「チャーミングで、誰からも好かれた」。父は「(イギリスの）皇太子」と呼ばれていた。これは、彼が当時の皇太子と見た目が少し似ていたこと、そして、大変な浪費家だったことによる。父ウィリアムは、彼の父が設立したレンガ会社アメリカン・ブリック社のセールス部門で働き、その後、製缶会社のアメリカン・キャン社に移った。アメリカン・キャン社は、彼の父が設立したサニタリー・キャン社が1917年に財政難に陥った時、それを買収した企業だ。だが、こうした人生は1929年の大恐慌で終わりを告げた。大恐慌で遺産は底をつき、ボーグル家はまだ子供だった双子を含め、豊かな暮らしが一転して、経済的に追い詰められるようになった。

3人の子供たちは早くから働かなくてはならなかった。10歳のジャックは新聞や雑誌の配達をし、アイスクリーム店でも働いた。ジャックは当時を「言われたことをこなすだけでなく、責任感を持って働いた」と振り返る。16歳になり、双子は初めて1ドルを超す時給を得た。ニュージャージー州のベイヘッドの郵便局で郵便物の仕分けと消印押しの仕事をして、1・04ドルの時給を稼いだ。ジャックはつつましく生きることを学び、そして実際に貧しかった。「稼ぎの範囲内でしかお金は使わないことはとても大切だ」とジャックは述べる。「若いうちから働き、多くの人と接して人間関係を学べることはありがたい。人付き合いや時間を守ること、そして顧客はいつも正しいということを仕事から学んだんだ」。彼は独自の考えに基づいた夢を膨らませ、そしてそれを懸命に説明した。

ジャックは、いつも穏やかな表情で両親の話をした。「父は遊び人で、小説家スコット・フィッツジェラルドと妻ゼルダのようなメチャクチャな生活を送っていた。レンガを売る仕事をしていたが、ある日ふと『今日は売れそうにない』と思った彼は、道の反対側にあるバーへ行った」。そしてそれを機に酒に溺れてしまった。1930年代から40年代の初めにかけて、仕事で失敗を繰り返し、クビになり、ますます酒に溺れた。ベローナの家を売りに出し、レイクウッドにある母の両親が所有する家に2年間住んだ。そしてさらなる節約のため、ニュージャージー州の海辺へと引っ越した。

一家は、1945年にはフィラデルフィア近郊のアードモアのつつましいアパートに引っ越すほど落ちぶれていた。この2部屋のアパートでは、部屋と部屋の間にコーヒーメーカーとホットプレートがあった（ジャックはガレージに住み、汚い床で寝ていたと話した）。夕食はいつも安いセルフケータリングのチェーン店だったが、ジャックはちゃんと座って食べた。アパートへ引っ越した後しばらく経ってからは、彼と兄弟は、がんを患う母の首の痛みを和らげるために、麻酔を交代で打つようになった。「来る日も来る日も、母は小さな洋服屋さんで働いた。本当に母は身を粉にして働いた！　その苦労は想像もつかない」とボーグルは述べる。

80歳代後半になっても、ボーグルは両親を懐かしく思い出していた。「父のことがずっと大好きだ。彼は彼なりに精一杯やった。私は両親にとっていい子だった。母は、『ちびっこきかんしゃだいじょうぶ』を読んでくれた。素晴らしい子供時代だった」。やがて少し間をおいて「自転車を買うために、私はお金を一生懸命に貯めた」と語り、さらに間をおいて、**「お金を使うのは好きではない。好きだったことは一度もない」**と述べた。

双子のもう1人は、勉強も芸術も好きだった。一方、ジャックと兄のバッドは2人とも負けず嫌いで、互いに競った。「いつも本気でけんかをした。大きな石や金づちを振り回すほどの激しいものだった」と、バッドは思い出す。こうして、ジャックは強くなった。**「厳しい家庭は、常に生きるか死ぬかだ」とジャック。「だがその環境で生き残れば、のんびり育った人より強くなる。働く必要がないのに仕事をする人と、どうしてもお金が必要で働く人とでは差が出る」**

兄のバッドは、大変な思いをした。「父の酒、女、歌というあらゆる悪行をジャックに見せないようにした。酒瓶を探し出し、本人の目の前で割った」と、バッドは回想する。父と子は泣いた。「本当に惨めだった。家庭問題は、私には荷が重すぎた」。そこで、バッドは家を出て、母の兄弟クリフトン・ヒプキンスの家に同居させてもらうことにした。ウォール街で働いていたクリフトンの助けもあり、創立100年の全寮制のブレア・アカデミー高校の中の学生食堂で働くことで奨学金を得られるように、母は手配した。バッドは1年でそこを卒業した。ジャックとデビッドもこれに続き、1947年に2年で卒業した。ブレア高校は、ジャックにはとてもよい学校だった。後に、ジャックは母校へ多額の寄付をし続けた。

高校時代を振り返り、ジャックは「私は内気だったが、兄弟には多くの友人がいた。私は心の中で目標を描き、そして現実にそれを達成した。学生食堂のウエイターの責任者になることもその1つだ」と述べる。その頃のブレア高校の教育レベルは高く、彼にとって大きな転機だった。「人生の成功はブレア高校から始まった」と、70年経ったいま、ボーグルは思い返す。「代数のジェス・ゲイグ先生のクラスで、初めてのテストは散々で、40点だった。しかし、最後にはクラスで初めて満点をとることができた」。ジャックはとりわけ数学に強く、特に計算尺に強かった。

優秀な成績でジャックは卒業した。クラスメートから、クラスで最も将来性のある生徒に選ばれた。しかし、ほんのわずかの点差で総代にはなれなかった。2番だった。この結果を覆そうと先生たちに何度も交渉したが、だめだった。後になっても、彼は「2番ではだめで、2番目というのは負けと同じだ」と思っていた。[1]

ボーグル家の経済状況からすると、3人の息子のうち1人しか大学に行けず、あとの2人は働いて家族を支えなければならなかった。ブレア高校での成績と向学心から、十分な奨学金が得られることを条件にジャックが進学した。そして、プリンストン大学内でアルバイトをし、生活費や学費に十分な奨学金も得られることになった。

ジャックはプリンストン大学へ、一方、バッドは海兵隊に招集されて日本に駐留した。家庭の状況はさらに悪化したので、バッドは除隊後、泣きながら「お母さんもぼくも、これ以上我慢できない」と訴え、父をニューヨーク行きの列車に乗せた。何十年も経って、ジャックは悪いことは忘れる性分なので、このことについて「両親は別居した」という言い方をした。

プリンストン大学に入り、ジャックは他の学生との距離を感じた。プリンストン大学にはイーティングクラブという特殊なクラブがあり、そこに入ることがステータスだったが、恵まれた家庭出身の会員たちは奨学生を見下していた。ジャックは、アイビーリーグでも権威あるプリンストン大学に入ったが、そこでは奨学生で、イーティングクラブでは料理を運ぶ側だった。

必要なお金を稼ぐため、ジャックはアルバイトを掛け持ちし、週に30時間の給仕に加え、体育会のチケットオフィスで働き、後にそこの責任者になった。「週40時間働いた」。2年生の時、成績は平均してCに落ち、危うく奨学金をもらえなくなるところだった。しかし、猛勉強して成績をすぐにBに上げ、翌年にはB＋になった。

夏休み中、夕刊紙フィラデルフィア・ブレティンの記者として週40ドルで働いた。十番街とジェファーソン通り区域の警察担当だった。日曜日の朝、その地区の住宅で火事があったが、彼は現場に行かず、電話で取材をしただけだった。それを見抜いたベテラン記者が、「ところでその家の色は？」と尋ねたが、ジャックには答えられるはずもない。ここで、ジャックは「手抜きをするな。正直に、そして真実をしっかり見ろ」との人生の教訓を得た。

才能の顕現

数学の才能もあったジャックは経済学に興味を持った。2年生の時、ポール・サミュエルソンの『経済学——入門的分析』の初版が出版された。「これが、経済学へ私の目を開いてくれた。こんな世界があるなんて。経済の法則性、科学そのものだ」[2]と振り返る（１９９３年、サミュエルソンは、ボーグルの著書 *Bogle on Mutual Funds: New Perspectives for the Intelligent Investor*[3]の序文を書いている）。

3年生になり、ジャックは卒業論文のテーマを探し始めた。他の人とは違ったものを書きたかったところ、フォーチュン誌の１９４９年12月号を見て、思い付いた。その表題は、「ボストンのビッグマネー」で、国内最大の投資信託会社で運用残高1億ドルのマサチューセッツ・インベスターズ・トラストについて調査したものだ。後から考えると、「ビッグマネー」はあまりふさわしい言い方ではない。70年前、投資信託の総額は20億ドルだった。これは個人貯蓄の1パーセントにすぎない。その記事によると「投資信託はささやかなものに見えるが、急速に拡大していて、大きな可能性を秘めている」。ジャックが独自性を発揮するチャンスだった。文章力と数学の才能を生かし、独自に調べ、彼は素晴らしい卒論を書き上げた。後に、130ページにもなる彼の卒論「投資会社の経済的役割」は1＋の成績を得た（プリンストン大学では最高の成績だった）。これによりジャックは優等で卒業する。当時を振り返り、彼は「夢心地だった」と述べている。[4]

ジャックの母はプリンストン大学卒業の年の1951年2月に亡くなり、父も同年、ベルビュー病院で脳卒中で亡くなる。共に55歳だった。そしてジャックは21歳。晩年になってもこのことを思い出すたびに、彼は涙を流した。

プリンストン大学ですぐにジャックは優れた才能を示した。頭のよさ、やる気、独立心、想像力の豊かさ、粘り強さ、思い切りのよさ、長期的な視点を持ち、そして自分の人生に対して明るい未来を描いていた。こうした才能が、後に起業家としての成功へと結び付く。約70年後、ジャック・ボーグルは「私はもう過去の人となったが、この先も私の考えが主流になるだろう」と述べた。

ジャックの卒業論文に、誰もが強い感銘を受けた。彼自身、後に読み返し、「64年も前に、当時は知られていないテーマについて書かれたものは十分ではない、と思われるだろう。しかし、私の卒論の基本概念は今日でも変わらない。最初に読んだ時は、大したことはないと思った。でも、あとになって思えば、学生にしてはよく書けている。世界一冴えているとは思わないが、20歳そこそこの若造にしては上出来だった」と振り返る。

公平に見て、彼の論文はよく書けていた。オリジナリティーがあり、適切な統計分析やグラフも添えている。50年に及ぶ業界経験者が見ても、「ほとんどの論点は、的を射ていた」。実際、以下の5項目にみるように、この論文に書かれていることは、ほとんど当たっていた。

1．投資家に誠実に接すること　ボーグルはバンガードを誠実な会社の手本とし、業界をリードした。15年以上の期間であれば、90パーセントのアクティブ運用の投資信託はインデックス運用に負けるなど、当時のどれほどの投資家が考えただろうか。運用成績の良い面を強調し、悪い面には目をつぶる当時の投資信託業界は、あまり人々に信用されていなかった。

2．投資家ファースト　「あの日、この業界の目標は顧客本位である、と私が書いたことは正しかった」。このような理想主義は現実とは程遠く、当初彼の働いていたウエリントン社でも実践されていなかった。それから30年後、バンガードにおいて投資家ファーストが確立される。ボーグルは晩年、多くの投資信託会社が利益優先で、顧客優先ではないことによく怒っていた。

3．インデックスファンド　「インデックスファンドのよさは、市場平均に勝つことではない、と私は卒論の中で述べている」。この業界で働きはじめた初めの25年間、ボーグルはアクティブファンドを熱心に販売したが、その後、やむを得ない事情でインデックスファンドを始めた。当初の売れ行きは芳しくなく、普及するのに長い時間がかかり、15年後にようやく成功の兆しが見えた。

4．手数料　アクティブファンドのコストは、50年間上がり続け、最近ようやく下がり始めた。ボーグルが卒論を書いた頃、手数料は経済理論通りに下がらなかった。すなわち、何年間も販売額は急増したのに、手数料は下がらないどころか上がったのだ。手数料の引き下げは、彼がバンガードを立ち上げた数年後からようやく始まった。

5．企業統治（ガバナンス）　投資信託は企業のガバナンス向上に対して大きな役割を果たしてこなかった。近年ようやく、インデックスファンドのマネジャーが投資先企業のガバナンスに関心を持ち始めた。今日では、バンガード、ブラックロック、ステート・ストリートといった主要インデックスファンド会社が熱心にガバナンスの向上に取り組んでいる。

ボーグルの成した功

1940年代から60年代にかけて、投資信託はセールス重視だったが、その収益は苦しかった。ボーグルは投資家からの信頼を得ることで規模を拡大しようとしたが、うまくいかなかった。

アルコール依存症の父、親戚にお金を頼る、子供の時から生活費を稼ぐためにどんな仕事でもする、より小さい家へ次々に引っ越し、2部屋に5人がひしめき合って暮らす。こうした苦労を幼少期に経験すると、ほとんどの子供は打ちのめされる。だが、ジャック・ボーグルはそうではなかった。

心臓発作を6回起こし、最終的には心臓移植手術まで受けたならば、ほとんどの人は第一線を退くだろう。だが、ジャック・ボーグルはそうではなかった。

彼の経験したような左遷や失脚をすると、ほとんどの人はその職を辞めるだろう。だが、ジャック・ボーグルはそうではなかった。

ジャック・ボーグルは、いつも他人と違っていた。自分の正しさを信じ、直面する難題に断固として立ち向かい、そして今日に至る成功を収めた。困難に際して頭を研ぎ澄ませ、まれに見るスタミナとやる気で立ち向かった。彼は定量分析の才能に加え、先見の明があり、そして不屈の起業家精神があった。彼が次のような素晴らしい成功を成し遂げたのも不思議ではない。

- 成功の可能性が低いにもかかわらず、その後世界で最も称賛され、信頼される大投資信託会社を創設した。後に、3000万人の顧客と8兆ドルの預かり資産を持つまでになった。

●彼の考えがやがて投資業界の標準となった。ボーグルヘッズ〔ボーグルファンあるいはボーグル中毒の意〕を自称する熱心なファンは毎年のように彼に会いに来た。そして現在は、著書やウェブサイトを通じ、彼の賢明な長期投資の考え方を世の中に広めている。

●出身校のブレア・アカデミー高校に多額の寄付をし、募金に協力して、長年理事を務めた。この学校の2つの大きな建物には彼の家族の名前が付けられている。また、多額のボーグル奨学金を提供した。プリンストン大学にも多額の寄付をし、フィラデルフィアの国立憲法センターの募金活動の先頭に立った。

●12冊の本を執筆し、これにより、プリンストン大学をはじめ、13の大学から名誉学位を授与され、アメリカ芸術科学アカデミーの会員に選ばれた。また、スカッシュとテニスを楽しんだ。

妻はよく彼に「ジャック、こんな生活をしていたらだめ。少し休まなくては」と言っていたが、彼は聞く耳を持たず、90歳近くなってもこの生活をやめられなかった。近しい友人に「休んだら、死んじゃうよ」と語っていたという。

第2章 「理想的な合併」のはずだった

大学卒業後、職を探していたジャック・ボーグルにチャンスが訪れた。大学のイーティングクラブのマネジャーのウォルター・マックグスラーは、かつて同じクラブのメンバーで、今は投資信託のビジネスをしているウォルター・モーガンと偶然再会した。マックグスラーはモーガンにボーグルの卒業論文のことを話し、彼を雇ってみてはどうかと持ちかけた。モーガンは、プリンストン出身者はお坊ちゃんで、真剣に働かない者が多いと感じており、時間を無駄にしたくなかったものの、マックゲスラーの顔を立て、会社幹部のモイヤー・カルプとジョゼフ・ウェルチにボーグルと会うよう指示した。２人は、この若者の鋭い観察力に感動し、モーガンにもボーグルと会うように勧めた。実際にモーガンが会ってみると、感動したどころではなかった。社員全員に彼の卒論を読むようにと勧め、「投資信託の仕事をしている我々より、彼の方がこの業界についてはるかに詳しい」と言った。[1]

ボーグルを雇うことを決めたモーガンだったが、迷っているふりをして、「君のことは評価しているが、採用を迷っている。今、誰かを必要としているわけではない」と言った。ボーグルも抜け目なく、他の会社や大銀行からも誘われていると応じた。するとモーガンは焦って、「ジャック、銀行なんかに行ってはだめだ！　銀行は退屈だ。うちへ来い。うちの会社の成長性は高い。将来、君なら経営陣になれる」と彼に伝えた。

ボーグルは就職先を決めかねていた。子供の頃からお金には慎重だったので、銀行の安定性には魅力を感じたが、自分の独創性と起業家精神を生かしたいとも思っていた。１９５１年当時、投資信託は世間に受け入れられつつあり、１００万人の投資家がいた。しかし、その平均投資額はわずか３０００ドルだった。そしてジャックは、モーガンの会社、ウエリントンに１９５１年７月９日に入社した。この会社の投資信託の運用資産はわずか１億９４００万ドル、業界シェアは６・２パーセントだった。

ボーグルは最初にジム・フレンチと一緒に働いた。フレンチはジャックより数日前に入社し、後に、ウエリントンのトレーディング責任者になった人物だ。ジャックの最初の仕事は事務的なもので、モーガンのアイデアに基づくものだった。それは、15年前に1万ドルを投資し、分配金を再投資し続けた場合の現在における投資利益額の試算だった。フレンチは新しい計算機を持っていた。一方、ボーグルは、計算尺を使えば自分の計算の方が早いと豪語し、実際そうなった。

初めの数カ月はこうした単純作業に従事していたが、その後7年間、モーガンが投資家向けのリポートなどを書くことを手伝い、彼が満足するまで何度も書き直すことがしばしばあった。後年、ボーグルは部下に同じように何度も書き直しを命じた。約1年後、営業マンや業界向けのスピーチを行う広報も担当した。株式市場や投資信託の動向、経済情勢を簡潔に面白く、そして「しばしば引用される大家の言葉」などを交えてわかりやすく説明する。これが、ボーグルがマスコミ対応の達人と言われるきっかけとなった。また、彼には他人を納得させるデータを作る才能があった。ボーグルはもっぱら「顧客目線」でセールスを展開し、それを生涯貫いた。リサーチ、運用、事務管理についても同様だった。

ウォルター・モーガンという人物

ウエリントンの社長、ウォルター・モーガンは若い頃からタフさが際立っていた。祖父が金鉱でひと山当てようとして財産を失う様子をモーガンは目の当たりにしてきた。モーガンがプリンストンを卒業したばかりの1920年、彼も祖父と同じような経験をする。1つは石油試掘井への投資、もう1つは合併のうわさの出た地元の中小電力会社への投資だった。借り入れを利用し、90パーセントの利回りになるはずだった。しかし、この合併はうまくいかず、株価は急落し、追加証拠金支払いのために、モーガンは家族からお金を借りるしかなかった。

事業成功のためにはプリンストンの経済学士号では不十分だと考えたモーガンは、フィラデルフィアの大手会計事務所ピート・マーウィック・ミッチェルに月給125ドルで入社し、夜学でファイナンスのクラスを取った。数年後、昇給を断られたので、ハスキンズ・アンド・セルズ会計事務所へ転職し、そこで公認会計士の資格を得た。その後、「ピーナッツを売る露店でもいいから独立しろ」という祖父の言葉に背中を押されて、モーガン会計事務所を立ち上げた。「それまでに培った分析と会計の経験を生かし」、税金や投資のアドバイスをしようとした。

1920年代、ほとんどの投資会社や投資信託は、一般の上場株と同じく、株式市場で取引される一定数の株式を設定した「クローズドエンド型」だった。投資信託の売却価格は、投資信託が保有する有価証券の価値だけでなく、買い手の動向にも左右された。したがって、保有有価証券の価値以下でしか売れないこともある。このリスクを避けるために、マサチューセッツ・インベスターズ・トラストは1924年3月、200人の投資家を集めて最初の「オープンエンド型」投資信託を始めた。この投資信託は、市場が開いている時であれば、投資ポートフォリオの1口当たりの終値、つまり基準価格で売買できた。

好景気に沸いた1920年代、株価は4倍にもなり、投資経験のない何百万人もの人も引き付けた。**モーガンは、増え続ける顧客に同じアドバイスを何度もくり返した。「株式と債券をバランスよく持ち、分散投資し、長期的視点に立って考えること」。**そして、助言を続ける中で、個人投資家向けに小口の投資信託を売るには、オープンエンド型の投資信託が必要だと確信した。新しいファンドを立ち上げるには、法律の定めにより最低10万ドルを集める必要がある。彼は2万5000ドルを拠出し、富裕層の顧客から2万5000ドル、親族や友人から残りを集めた。このファンドの資金の多くは現金ではなく、さまざまな企業の株式で、そのほとんどは優良株だった。1929年7月、株価大暴落が起こるほんの数カ月前に、モーガンは新しいファンドを立ち上げた。

モーガンはそのファンドを当初、インダストリアル・アンド・パワー・セキュリティー・コーポレーション（製造業と電力向け投資ファンド）と名づけた。「アメリカ企業のイメージを喚起し、経済成長を期待できる時代に合った名前」だと思ったからだ。他のファンドは株式にほぼ100パーセントの資金を投じていたが、彼のファンドは、モーガンと家族のこれまでの投資での損失経験を生かした、優良株と安全性の高い債券のバランスファンドだった。リターンを高めるために当時よく行われていた借り入れによる投資も避けた。上昇相場においては、投資家はクローズドエンド型の投資信託を基準価格以上でも買っていた。ウォルター・モーガンは、投資借り入れの利用は儲けも大きくなるが、損失も大きくなると知っていた。

幸いなことにモーガンは、新しいファンドの立ち上げ直後に資産の75パーセントを占めていた株式の比率を、33パーセントに引き下げていた。これは、フィラデルフィア・ナショナル銀行の投資責任者ブランドン・バリンジャーと投資銀行のモイヤー・カルプの勧めに応じたものだった。カルプは後に、モーガンにボーグルを雇うことを勧めた人物でもある。その年は市場の暴落で平均的なファンドは90パーセント近く下落したが、7月に1口12・74ドルで始めたモーガンのファンドは、初年度45セントの落ち込みにとどまった。特に幸運だったのは、カーティス・パブリッシング社の株式を大暴落の前に124ドルで売却していたことだった。この銘柄は、3年間で96パーセント落ち込み、たった5ドルになった。モーガンのバランスファンドの大半は、金利が下がると値上がりする債券と現金だった。好成績に引かれた資金が流入して総資産額が倍増し、翌年には53パーセントの伸びを示した。

しかし、1930年代の初め以降、不景気が長引くにつれて、モーガンのファンドの成長も止まった。販売力が将来の成長のカギであると気づいたモーガンは、覚えやすい社名の方が良いと考え、1935年に「ウエリントン・ファンド」と名前を変えた（彼は初代ウエリントン公爵に心酔していたので、この名を付けた）。ファンドの成績のよさを利用し、彼はこのファンドをフィラデルフィアやニューヨーク、ハートフォード、ボストンの証券会社へ販売する営業マンを雇った。特に毎月の定額投資プランに力を入れた。「毎月決まった額を10年間投資する」というもので、ウエリントン・ファンドのトップセールスマンのアルビン・ウィルキンズの発案だった。1935年の終わりに、このウエリントン・ファンドは100万ドルにまで伸びた（現在の価格にすると約1900万ドルになる）。1939年にドイツがポーランドへ侵攻する前に現金の比率を上げておいた結果、このファンドは1939年から44年にかけて好成績が続いた。

第二次世界大戦が終わったこととセールスを大切にしたこと、株式市場が活況を呈したことで、ウエリントン・ファンドの資産は2500万ドルに上り、より一層大きな経営組織が必要となった。モーガンは、モイヤー・カルプを投資アドバイザーから常勤の投資部門の責任者に、アルビン・ウィルキンズを営業責任者に、ジョゼフ・ウェルチを副社長に昇格させた。ファンドは成長し続け、1949年には1億ドルに、その2年後には1億9000万ドルになった。ウエリントン・ファンドはアメリカで4番目に大きな投資信託会社となり、モーガンは、セールス中心の業界で注目のリーダーとなった。

1955年にはウエリントン・ファンドの資産は6億ドルになった。モーガンはボーグルを自分の補佐役にして仕事を任せたが、彼は常に完璧さを求めた。ボーグルはモーガンの要求に応え続け、7年間やり通した。後に、「やらなくてはならないことはきちんとやり遂げたいと思った。私はとりたてて頭がよいわけではないが、やるとなったらやる人間だ」と述べた。2年後、マーケティング部門に異動になった。**ボーグルがリーダーの素質を示せば、後継者にしようと、モーガンは考えるようになった。**

ウエリントン・ファンドの危機

1950年代の終わり頃、問題が起きた。株価が上昇し、債券市場が停滞したことで、ウエリントンのバランスファンドは、株式100パーセントの投資信託に負けるようになったのだ。そのような中で、いつも新しいアイデアを生み出すボーグルは「6パーセント解決法」という売り文句の手法を編み出し、ウエリントンは熱心に宣伝した。この「解決法」というのは、要するにごまかしだった。ファンドの基準価格の6パーセントを、ファンドの分配金として、投資家に毎年現金で支払う。この多額な支払いに必要な資金の一部は配当収入や債券の利息収入だったが、残りは株式の値上がり分だった。これが、あまり金融知識もなく、「今すぐ使えるお金」を求める個人投資家からの人気を集めた。セールスマンの「配当のようなもの」とのセールストークに顧客は簡単に乗せられた。実際は支払額の3分の1近くは元本の取り崩しだった。競合他社からの苦情があり、この頃、全米証券業協会は分配金に値上がり益を充当することを禁止した。しかし、分配金が配当であると明言しないウエリントンは、これまでのやり方を変えなかった。1960年代になると、分配金のうち値上がり益の占める割合は増加し、配当収入と利息収入を足したものとほぼ同額になった。

「毎年、モイヤー・カルプと私は議論をした。『このくらい配当収入と利息収入があるが、残りを値上がり益でカバーできるか？』などと質問したものだった」と、ボーグルは回想する。「何年かはそれでうまくいっていたが、このやり方は永遠に続けられないと悟った。やがて値上ががり益を使い果たした。その頃、このゴーゴー（イケイケ）ファンドは、証券会社と投資家の注目を集めた」。ボーグルは遠慮がちに「ウエリントンは格別失敗したわけではないが、成績は平均以下に落ちた」と付け加えた。実際のところ、ウエリントンの成長は止まり、成績は下がり、ごまかしで顧客を維持しながらもゆっくりと衰退に向かっていた。値上がり益を使い尽くした後のことをボーグルは思い出し、「1970年に私の勧めで、取締役会でも承認されたが、それぞれのファンド会社の内部留保の25パーセントを配当に充てた。この提案は望んだものではないが、仕方がなかった」と回想する。

投資信託業界では、品質向上も重要視されるようになった。80年前には、投資信託は積極的に売らなければ、売れるものではなかった。販売は証券会社のセールスマンを通じて行われた。彼らの固定給は低く、そのためセールスマンは販売額を増やして自分の収入を増やすことしか考えなかった。当時の販売対象は、主として小口の投資家だった（当時の売買手数料は今日の4倍に当たる1口40セントだったので、大口投資家に対しては、投資信託を頻繁に売り買いさせれば大きく儲けることができた）。

投資信託は証券会社とその社員にとって、魅力的な商品である必要があった。その8・5パーセントの販売手数料は、もちろん顧客の負担だった。顧客が投資信託を100ドル買うと、91・5ドルしか実際には投資されない。91・5ドルの投資額に対する8・5ドルの手数料は9・3パーセントにもなる。その8・5ドルは販売したセールスマンと証券会社の取り分だ（投資額が大きいと手数料の割合は低くなる)。

バランスファンドの創始者であるモーガンは投資信託の販売チャンスを逃しているのではないか、とボーグルは考えるようになったが、モーガンは、「単一ファンドの方が営業戦略上有利で収益性も高く、コスト管理も十分できる」と主張した。一方、ボーグルは、いくつかのファンドの組み合わせを提供することで多くの人を引き付けることができると考え、ウエリントンがあらゆるタイプのファンドを提供するビジネスプランを提出した。これは、モーガンの長年にわたる単一ファンドとバランスファンドの考えを否定するものだった。

ウエリントン・ファンドの人気が下火になったので、市場トレンドを反映したボーグル提案の株式100パーセントファンドの導入を、モーガンはしぶしぶ認めた。ボーグルは、最初のウエリントン株式ファンドの管理者となった。このファンドは、最初の公募で3300万ドルと成功し、1959年の終わりには4400万ドルになった。

1950年代を通じて株式も債券も活況で、投資信託業界も繁栄した。1960年の初め、ウエリントン・マネージメント社の運用残高は10億ドルを超えたので、モーガンは自社の株式を公開することにした。その際モーガンは、議決権の大半を自分に残す仕組みを作った。すなわち、株式をA株とB株の2種類に分け、86万7800株のA株は1株につき1個の議決権、1万株のB株は1株につき250個の議決権を持つ(これはモーガンとウェルチだけが保有する)。全体で約340万個の議決権のうち、3分の2を超える250万個をこの2人が持つということだ。

はじめの3年間、新しいウエリントン株式ファンドの成績は市場を大幅に上回った。しかし4年目に市場が一時8・7パーセント下落すると、ファンドは25パーセントも落ち込んだ。その後、株式市場は回復したが、ファンドの投資委員会は市場の回復は短期的と判断し、現金を投資に回すのが遅れ、ファンドの成績は再び下落し、売り上げも落ちた。ウエリントン・ファンドの投資家は、この株式ファンドの成績悪化がもともとのバランスファンドの成績も傷つけたとして、訴訟を起こした。何とかしなければならなかった。

裁判を終結させるために、ウエリントン・ファンドを買い戻し、投資家に新しい「ウィンザー・ファンド」に乗り換えてもらった。さらに重要な変革は、1964年に運用責任者を替えたことだった。ジョン・ネフが新たな責任者となった。その後、彼はウィンザーの投資責任者を32年間務め、「投資のプロの中のプロ」として名をはせる。このような大きなファンドをこれほど長期間運用し続けた人物は他にいない。

しかし、株式公開後、ウエリントン・マネージメント社の経営は問題続きだった。ウエリントン・ファンドは会社の収入の95パーセントを生み出していたが、資産額と市場シェアは下降し続けた。

1960年9月初めの週末、当時31歳のジャック・ボーグルは義理の兄弟のジェイ・シャードとテニスをしていた。サーブをしようとして、ボーグルは激しい痛みに襲われ、目には閃光が走り、突然全身の力が抜けた。

「ジャック、大丈夫?」

「ジェイ、ちょっとひと休みさせてくれ。心臓発作かもしれない」と小声でボーグルは言った。しかし、そうではないように思えて、2人で笑い、すぐにプレーに戻った(ボーグルは後に、自分が勝ったと述べている)。家に自動車を運転して帰ると、気分が悪くなり、妻のイブは彼を病院へ連れて行った。6週間も入院した。ボーグルは後に、当時は「トラブル続きだった」と話す。

その後35年間で、ボーグルはさらに5回も心臓発作を起こした。一度はスカッシュをしている最中で、対戦相手に心臓マッサージをして助けてもらった。また、2人の医師が心肺蘇生法を用いたこともあった。「私の人生にとってちょっとした問題だった」と彼は淡々と語る。「私は何事にも集中する。病気の時には、この性格は悪くない。何もせず、死神を待つだけよりはるかにいい」[2]

合併への道すじ

新しい株式ファンドが売り出された頃、モーガンは問題山積のウエリントン・マネージメント社の後継者にボーグルを据えることを考え始めた。しかし、この新しいファンドの初期の成績の悪さは、セールスにも悪影響を与えた。成績も悪く、商品も時代遅れのウエリントンは、成長する投信業界に乗り遅れていた。そして、問題はさらに悪化する。これは新規上場会社においては見逃せない問題だった。

これまで工夫してきたさまざまな販売方法も限界に達し、償還もできるだけ先延ばしにしたものの、ウエリントン・マネージメント社の経営戦略は行き詰まっていた。ウエリントン・ファンドへの資金流入のうち、30パーセントは10年契約プランだった。この初年度の「投資額」の半分は、証券会社の手数料に消えた。当時ウエリントンは、割高な手数料でウエリントン・ファンドを優先的に扱ういくつかの中小証券会社との契約があるだけだった。しかし、その証券会社も徐々にウエリントンを見放し、パフォーマンスのよいファンドに関心を移した。その方が、売れ行きがよいからだ。ウエリントンは盛りを過ぎてしまった。

1950年代、ボーグルは「業界人」や「メディア向け広報」として腕を振るっていた。**彼の言葉は端的で、事実に基づき、人々をワクワクさせ、大家の言葉を簡潔に引用したわかりやすいものだった。**それを何年も積み重ね、ボーグルはマスコミと読者の信頼を得ていった。ジャーナリストはボーグルにまず意見を求めた。彼の説明はわかりやすいだけでなく、絶えず業界の常識を打ち破り、いつもカモにされている投資家側に立っていた。となると、メディアは必然的にボーグルとウエリントンに好意的になる。

若きボーグルは順調に出世していたが、一方でウエリントンは大きく衰退していた。資産はあと数年で消滅する勢いで減っていった。「数字に強い」ボーグルは、この状況を抜本的に変える必要性を痛感し、1つの保守的なバランスファンドへの過度の依存や魅力的な株式ファンドの不在、優秀な投資人材の不足、そして投資信託だけに頼っていることが問題だと考えた。この業界の若手リーダーとして、この時期だからこそ、自分が大胆な戦略づくりを率先するにふさわしいと確信した。

1965年、モーガンはボーグルを経営管理部長から副社長へと昇進させ、「会社の業績回復に役立つことは何でもやるように」と指示した。ボーグルがまず考えたのは、運用能力の改善のため、優秀なファンドマネジャーチームを新たに採用し、リサーチチームを立ち上げ、成績を改善し、それから販売戦略を変更して、それによりウエリントンを立て直すことだった。しかし、この計画には多額の経費がかかり、目標達成には10年かそれ以上の時間が必要だ。ウエリントンは、古臭い会社が古臭いファンドを売っているとのレッテルを貼られていた。当時フィラデルフィアは、ニューヨーク、ボストン、ロサンゼルスと比べて投資会社の拠点としては格下だった。多くの株式ファンドは大きく伸びていたが、ウエリントンの株式ファンドだけが苦戦し、改革の前途は厳しかった。

しかし、当時、大型年金基金が運用委託先を銀行の信託部門から投資運用会社へと切り替え始めていたので、そうした会社を買収すれば、コストを抑えて会社を立て直し、将来への展望が開ける。後にボーグルは、「自信過剰だった私は、1966年にこの戦略を突然思い付いた」と述べている。

合併すれば、成績向上が期待できる。成績上位の投資信託会社には、フィデリティ、キャピタル、ドレイファス、パトナム、キーストーンなどがあるが、これらは規模が大きすぎて難しい。しかし、非上場で成績のよい理想的な投資運用会社を見つけられれば、上場しているウエリントン・マネージメント社は買収に際して自社株での支払いが可能だ。そうした買収は、ウエリントン・マネージメント社の将来への大きな飛躍につながり、そして何より若いボーグルの劇的勝利となる。

1960年代の株式市場の構造変化の中で、証券会社のベーチェ社は依然として規模は大きかったものの、旧来型の株式売買業務に行き詰まっていたので、ウエリントン・ファンドの販売に力を入れていた。両社は互いに重要な存在だった。ベーチェ社はウエリントンからの手数料が必要で、ウエリントンは投資信託をベーチェ社に売ってもらっていた。

1965年の終わり頃、ボーグルはベーチェ社の投信販売部長ジョン・ジャンシングとのランチの際に、会社の問題について話した。彼は率直に、投資成績がよい投資会社を買収したいと相談した。理想的な買収相手の条件は次の3つだった。運用能力が高いこと、長期・短期の運用成績が優れていること、そして販売力はあまりないこと。この販売力がウエリントン・マネージメント社の強みだったからだ。

ジャンシングはぴったりの会社を知っていた。ボストンの会社で、抜群の成績で、しかも販売力はほとんどなかった。「本当に合併を考えるなら、販売力は弱いが、卓越した運用力のある会社がボストンにある。富裕層や機関投資家に丁寧にアドバイスするのが特徴で、気さくな4

人が経営している」。ジャンシングは、このボストンの会社を紹介する、と言った。この会社の経営者は、ソーンダイク、ドラン、ペインとルイスの4人だった。

ボーグルはこの話を聞いて飛び上がって喜んだ。彼は後に、「美の基準は見る人次第だ」と語った。買収の経験がないからこそ、販売力の乏しいこの会社に美しさを見出すことができたのだ。このボストンのアイベスト・ファンド社は過去5年間、最高の成績を上げていた。過去6年でS&P500種株価指数が2倍近くに上昇したのに対し、アイベスト社はほぼ4倍になっていた。

この輝かしい成績にもかかわらず、アイベスト社には販売力がほとんどなかった。前年度はたった1700万ドルを売っただけだった。ウエリントンは販売力が強く、アイベスト社は成績がよい。この両社の強みを合わせ、ボーグルがしっかりとした経営方針で臨めば、新会社は最強のチームとなる。ウエリントンの誰もが「理想的な合併」と呼んだ。さらに、アイベスト社の投資カウンセリングチームも魅力だった。合併すれば、ウエリントンは大型年金基金や財団との取引も始められる。ウエリントンの優れたセールス力とアイベスト社の運用力によって、会社の収入は簡単に何倍にもなる、とボーグルは確信した。

36歳のボーグルにはこの合併の問題点が見えなかった。彼は、自分こそ業界で投資信託に最も精通し、最も勤勉な若手リーダーである、と自負していた。モーガンをはじめとするウエリントンの役員や業界の人々も、この彼の大戦略を理解するだろうと確信していた。

ボーグルは急いでアイベスト社のロバート〔ボブ〕・ドラン、ニコラス・ソーンダイクと具体的な合併交渉を始めた。最初の会合から交渉は順調に進み、決着まで9カ月しかかからなかった。ドランは後に、ボーグルはとても頭がよく積極的だったと述べている。当初、議論は前向きに進んでいた。ボーグルは「合併しよう！ これで、ウエリントンの問題が一気に解決できる」と当時は考えた。しかし、後に**「焦ってへまをすると、合併はどちらのためにもならない」**と振り返っている。

ボーグルは、見るからに自信に満ち、自分の意見を明快に述べ、楽観的で、群れず、男性優位主義者だった。これに対し、ドランは誰の意見にも耳を傾け、人の意見に分け隔てなく興味を示し、オープンな議論が好きで、3人のパートナーをリードしながら意見をまとめていた。やがて、双方納得のいく全体像が見えた。しかし、両社の出資比率を決めるにあたり、両社の経営陣の個性や経営理念、企業文化の違いが障害となった。時間が経つにつれて、この両社の違いは、ますます顕著になった。

ボストンのアイベスト社は、4人の設立者の名前からTDP&L社として知られ、毎朝8時半から9時半までの定例ミーティングが重要な日課だった。このミーティングは4人の創立者がそれぞれ別会社で働いていた1958年から、情報交換のために始めたものだ。初めの頃はスティーブン・ペインのアパートで、朝に行われていた。ペインの家族が七面鳥農場を経営していたので、その朝食はたいがい七面鳥のレバーとスクランブルエッグだった。そして各自30

セントの食事代を支払った。アイベスト社が拡大するにつれて、ボブ・ドランは何のルールもないことが気になり、そこで彼らは、ルールや意見の一致を目指すのではなく、互いに学び合い、協力し合うという社風を一層強めようとした。現在、この朝のミーティングが開かれる会議室にはたくさんの椅子が置かれ、経済情報、資産状況、相場情報を映し出すスクリーンが設置されている。ここは上司も部下もないオープンな議論の場で、互いに尊重し合い、たまにはユーモアを交えつつ論理的に話す。顧客や見込み客が後ろの席に招待されることもあり、プロが真剣に議論するのを傍聴する。

「明確な戦略を立てたことはない。しかし、何かが起こると、検討し対処する」と、ボブ・ドラン。「うちの会社は逆境に耐えられる。社員はこの独特の社風のもとに結束し、ことに当たる。大切なのは、社員同士が尊重し合いみんなで意思決定することで、それが社風となっていた」

合併の議論を進めている最中に突然、税金逃れのためにスイスに本社を置き、投資信託を世界中に売っていたインベスターズ・オーバーシーズ・サービシズ（ＩＯＳ）社のアメリカ人のやり手事業家、バーニー・コーンフェルドが、合併に反対を唱え始めた。ＩＯＳ社は、ウエリントンのＡ株を10パーセント保有していたので、彼の賛成を得ることは重要な課題だった。コーンフェルドは合併を阻止するために裁判を起こすと脅した。そこでボーグルは初めてパスポートを取得し、ジュネーブに飛んだ。

コーンフェルドはそっけなく、「こんな合併は考えられない。問題は、奴らが単なる悪党だからではなく、とんでもない悪党だからだ。もし奴らの成績が悪化しても、奴らを追い出せない。逆にお前が追い出される」[3]と言い放った。ボーグルはコーンフェルドの激しい言葉に辟易したが、彼の主張を受け入れなかった。保守的なウエリントンにこの合併はふさわしくないと言われた時、ボーグルはにっこり笑い、自信を持って「社員はみんな歓迎している」と答えた。そして、この合併を推し進めた。

ちょうどその頃、もう１つの合併話が友人２人から持ち込まれた。フィラデルフィアに住むポール・ミラーと、ボーグルの義理の兄弟のジェイ・シャードだ。共に長年の友人で、彼らは、当時合併したドレクセル・ハリマン・リプリー社の投資リサーチと運用部門で名声を博していた。ミラーはほとんどの時間を経営に取られていたが、運用に戻りたいと思っていた。ある晩、ボーグルの家を訪ね、一緒に新しい会社を作ろうと持ちかけた。ボーグルが経営を、そしてミラーが運用部門の責任を持つ。

ボーグルはボストンのＴＤＰ＆Ｌ社との合併をやめる気は全くなかった。そこで、２社共に合併しようと目論んだ。ポール・ミラーにはフィラデルフィアで運用を主導してもらい、一方、ボストンの合併も推進し、ウエリントンが両社を傘下に収めるのだ。ミラーはボストンの会社について不安を感じたが、ボーグルはミラーにフィラデルフィアで一緒に経営し、ドランとソーンダイクはボストンでやればいいと提案した。新しい合併の記者会見の準備が進んだ。

しかし、ジェイ・シャードは２人の性格の違いを危惧した。彼の親友は、彼の義理の兄弟とはうまくいかないと考えたのだ。シャードは親友を失いたくなかった。「君たちは二人共にボスタイプだよね。ジャックは細かいところまで指示するタイプだが、ポール、君は大筋を示して後は任せる。ジャックが君に、ああしろ、こうしろ、って言うなんて考えたくもない」。ドレクセル社はミラーを引き留めるために給料を上げ、彼が自分の運用チームを持てるようにした。そして、ミラーの希望通り経営管理の仕事から外したので、ミラーはドレクセル社にとどまることにした。記者会見はなくなった。後にミラーもボーグルも、シャードのアドバイスに感謝した。ミラーは後年、「もしわれわれが合併していたら、ボーグルと私は本当にぶつかっていたと思う」と述べている。一方、TDP&L社との合併は、1966年6月6日に完了した。

合併をしたその年、深刻な問題が持ち上がった。ボーグルがまた心臓発作を起こし、入院したのだ。「彼は入院したが、そこでも我々が決めたことを勝手に変えた。そこで、彼と我々とは社風が全く異なることに気がついた」とドランは語る。ボーグルもしばらくして気づいた。ボーグルによると、ボストンの会社は「社員はみんな対等で、議論を好む。一方、フィラデルフィアのウエリントンは、独裁的で上下関係がはっきりしている。私は気配りをせず、空気も読まない」。彼は続けて、このような違いが、ぶつかる原因だったと語った。

数年後、この危惧が現実化した。合併当時、将来もめることはないだろうと考えたボーグルは、1万株のB株のうちの1250株ずつをボストンの4人に渡すことに同意した。このB株はA株の250倍の議決権があり、モーガンとウェルチが手放すことにしたものだった。その上、合計400万ドル相当の14万8000株のA株も渡し、これにより、ボストンの4人はそれぞれ約10パーセントの議決権を持つことになった。一方、ボーグルは4000株のB株と、もともと持っていたA株で約28パーセントの議決権を有した（パトナムから移ったウォルター・カボットが約3パーセントを持ち、残る約29パーセントは社外の投資家が保有していた）。

モーガンは2つの経営陣が互いをよく知るために、モーガン自身が少なくとも2、3年間は株を継続して持っていたいと考え、全株式を1971年4月1日までの5年間信託する方式を提案した。そうすれば、この間に当事者はこの合併がうまくいく方法を検討する十分な時間がある。そして、それが確認されれば信託契約を終了させ、ソーンダイクが取締役会会長に、ドランが最高執行責任者（COO）に、ボーグルが最高経営責任者（CEO）になる。オフィスは引き続きそれぞれボストンとフィラデルフィアに置く。そして、4人のボストンのパートナーはウエリントン・マネージメント社の取締役になるというものだ。モーガンの長期的視野に立ったこの計画を、ボストン側は評価した。

ボーグルは後に、「私は単純に、4人のうちの1人は少なくとも私に賛成するから、そうすればこちらは議決権が38パーセント、相手は30パーセントだと甘く見ていた」と語った。後年、自分が窮地に陥るとは考えもしなかったのだ。事実、ボストンの4人は、ボーグルと意見が対立する時には、常に団結した。そして、彼らの議決権はボーグルを上回っていた。「私が世間知らずだって？　愚かだったというしかない」とボーグルは振り返る。

第3章

トラブル発生

合併後、ボーグルが目論んだように、ウエリントン・マネージメント社はセールスに一層力を入れ、投資に対する考え方も変えた。「合併はうまくいった」「最もよかったのはアイベスト・ファンドの売れ行きだった。1968年には、アイベストが新規販売の70パーセントを占めた」と彼は述べる。アイベストの資産額は1961年の100万ドルから1966年末には

5000万ドルに、1968年末までに3億4000万ドルへと増加した。

ドランとソーンダイクの予想に反し、ウエリントンの運用部門の人たちは優秀だった。運用には創造力が重要なので、自由で対話の多い組織作りが不可欠だと確信し、ウエリントンの厳格に区分された運用組織を変えようとした。ドランはある週末にフィラデルフィアに行き、組織のメンバーが対話しやすいように机の仕切りを取り払ってしまった。後にドランは、「月曜日、出社した社員の中には、当然のことだが怒り出す人もいた」と語った。

合併後の基本的な変革は、ウエリントン・ファンドの「元本優先で、リスクを抑え、無理のない利回りを目指す」という基本方針を再検討し、抽象的で「大胆かつ慎重な」方針に転換することだった。内容は必ずしも明確ではないが、これまで保有株式を毎年15パーセント入れ替えていたものを25パーセントに上昇させ、そして、株式への投資比率を55パーセントから75パーセントに高めた。

その後数年にわたって、新しい積極運用ファンドを次々と立ち上げた。エクスプローラー・ファンドという小型成長株投資、テクニベスト・ファンドというチャートによるテクニカル分析を利用する投資、トラスティーズ・エクイティ・ファンドという名前と逆に短期相場に賭ける投資などである。ジョン・ネフのジェミニ・ファンドはすべての配当を受け取る投資家とすべての値上がり益を受け取る投資家に二分したもので、1967年に発売された革新的な投資だ。前者は保険会社から人気を得た。当時の税法上、85パーセントの企業間配当には税金がかからなかったからだ。しかし、そのファンドの2倍まで借り入れが可能という仕組みだったため、値上がりを期待して後者を選んだ投資家の損害は大きかった。翌年からの下げ相場の影響で、この投資信託の基準価格は40パーセントも下がってしまったからだ。

ウエリントン・マネージメント社には当時10種類のファンドがあり、26億ドルを有していた。その半分はバランス型のウエリントン・ファンドで、うまくいっていなかった。残りの半分のうちの70パーセントはアイベスト・ファンドとウィンザー・ファンドだった。ボーグルは、投資家の要求を受けてウエリントン・ファンドを手数料なしで乗り換える方法を考えた。それが、Ｗ・Ｌ・モーガン・グロース・ファンドだった。当初、ボーグルはモーガン・グロース・ファンドとしていたが、モルガン・スタンレーやモルガン・ギャランティー・トラストからの提訴を受けてＷとＬを加えた〔モーガンもモルガンも英語の綴りはMorganで同じ〕。「こうしたファンドはすべてボストンで運用した。いずれも積極運用で、証券会社は好んで取り扱ったが、すぐに成績が悪化した」という。

会社の収入は１億５１００万ドルから１億８０００万ドルへと伸びた。ウエリントン・マネージメント社のビジネスは合併のおかげで向上したが、統合前の2社の企業文化の違いから緊張が生まれ、互いに敵意を抱くようにさえなった。そして、時間と共に、個人的な争いも生まれた。この「新ウエリントン・マネージメント社」は期待以上にうまくいったとボーグルは人前では言いつつも、後に「この合併は、私個人としては喜んでよいのかどうか疑問だった」と述べている。

ボーグルは債券ファンドを提案した。１９７０年にアメリカでは債券ファンドは10本しかなかった。ボストン側は一笑に付した。「そんな愚かな話は聞いたことがない。債券ファンドは過去のものだ！」と、スティーブン・ペイン。「そんなことはない。債券はこれからだ！」と、ボーグルはそれに言い返す。ボーグルの粘りで、60パーセントが債券、40パーセントが高配当株のインカムファンドであるウェルズレー・インカム・ファンドが１９７０年に発売され[1]、さらに、ボーグルがすべて債券のファンドを主張し続けたので、１９７３年にウェストミンスター債券ファンドが発売された。ボーグルの見通しは正しかった。２０００年までに、３０００本以上のアメリカ債券ファンドが存在するようになった。

体調と立場のゆらぎ

ボーグルの心臓発作は１９６７年に再び起きた。春に6週間、クリーブランド・クリニックに不整脈とペースメーカー埋め込みのために入院した。その病院で心停止となり、主任の心臓専門医は、ボーグルはもう仕事を続けることはできないだろうと思った。

心臓発作を何度も起こすので、ボーグルは最高の心臓専門医を探し、ボストンのブリガム・アンド・ウィメンズ病院のバーナード・ローン医師を見つけた。ローン医師は、ボーグルの病気は一般的な冠動脈の閉塞から起こる心筋梗塞ではなく、重大な心臓のリズムの乱れからくると診断した。要するに、あと5年か10年の寿命ということだ。しかし、ボーグルは相変わらず精力的で、体調の悪い様子は微塵も見せなかった。これは異例だった。ローン医師はボーグルにストレステストを受けさせた。7分間はもたないと思ったが、彼は18分間耐えた。ボーグルの人生の多くの局面でそうしてきたように、意志の力で耐え抜いたのだ。そこでローン医師はボーグルの本当の病気の原因を見つけた。起床時や何かに集中する時に、心臓の鼓動が速くなりすぎる。その時にひどく緊張する結果、アドレナリンが出る。ボーグルが言うように、「プロボクサーがリングに立つ時のようなもの」だった。そんな時のためにローン医師は強い薬を処方し、新しい生活習慣を課した。ローン医師の助言が功を奏し、ボーグルはその後8年間しっかりと働けた。退院後の受診で、ボーグルは50種類の運動テストを行うという記録を打ち立てた。また、彼はテニスとスカッシュも再開した。しかし、合併後の重要な期間、フィラデルフィアのオフィスを留守にし、ボストンのオフィスにはさらに長期間顔を出さなかった。[2]

　ボーグルはボストンの病院に丸1カ月間入院したが、これが大きな誤解を引き起こした。今後ＣＥＯになるにあたって、ボストン側がボーグルの健康状態を尋ねたことがきっかけだった。彼らには心配する理由があった。ずっと仕事ができないとすれば、上場会社のＣＥＯの責任を果たせるか？　ボストンの4人にとって仕事を健康より優先させることなど信じられなかったので、彼らはボーグルをＣＥＯにしてよいのかと考えた。そこで彼らは質問状を送り、ボーグルのＣＥＯ就任を公表するのを延期してはどうかと示唆した。ボーグルはこの質問を無神経だと思った。ボーグルからすると、彼がＣＥＯになることは、合併時の基本的合意事項だったからだ。

ボーグルとボストンの4人との対立は、ボストン側が多数を占める取締役会、そして社員たちへと広がりを見せた。社員たちはこの争いに巻き込まれることを危惧した。ボーグルは長時間働き、細部まで目を光らせ、自分1人で決断することを誇りとしていた。社員の意見を聞かず、自ら決定を下す自分の手法を変えようとはしなかった。ファンドの取締役バーバラ・ハウプトフューラーによれば、「それが彼の生き方だった」。モーガンは、ボーグル問題の責任の一端は自分にあると言う。「私がジャックに厳しさを教えた。私も厳しかった。私は会社のほとんどすべての株式を持っていたからどんなわがままも通せたが、彼は違う。彼の保有株数と同じ株数をあの4人だか5人だかは持っていた」

旧2社のビジネスの性格は根本的に違い、それがこの問題をさらに大きくした。個人投資家向け投資信託を主体とする会社は、これまで築いてきた多くの関連企業とのビジネス関係が重要になる（証券会社、投信販売会社、管理会社など）。一方、機関投資家相手の運用会社は、年金基金とポートフォリオマネジャーとの1対1の長期にわたるプロの関係が重要だ。手数料体系、利益の出し方、事業成功の基本要因も違う。ビジネスチャンス、経営手法からリーダーのあり方まで全く異なっている。多くの面において、この2つの会社の成功要因は、ほとんど正反対だった。

経営者の性格も全く異なっていた。ボーグルは1人で決断し、社員たちに指示した。合併後も「パートナー」（共同経営）や平等という概念には関心がなかった。また、1対1でも小さな会議でも大きな会議でも、ボーグルは常に自ら会議を主宰し、自分が主役だった。そして、結論を自ら文書にして配布し、自分で問題を出し、自分でまとめた。彼は、過去の失敗や判断ミスを控えめに取り混ぜ、熱弁を振るって人を説得することに長けていた。

ボーグルは自分を「社交的ではないと自覚している」と言う。「会議は好きではない。多くの人と仕事をしたくない。いったん決めたら、後で蒸し返すのは好まない」。ボーグルは、ボストンの4人の「参加型」の意思決定手法を無責任だと断じた。

ボーグルは当然ながら、個人投資家相手のビジネスの基準でボストンの4人を評価し、逆に4人は機関投資家相手のビジネスの価値観でボーグルを批判した。両者は徐々に互いに対する敬意を失っていった。そして、ウエリントン・マネージメント社の取締役会は、CEOに敬意を払わないボストンの4人が支配していた。

ボーグルは当時を「ウエリントン・マネージメント社の取締役会はボストンの4人が支配し、権力闘争の中にいるようだった。私はすべて自分で決めたかったし、彼らは彼ら自身で決めたかった」と振り返る。片方が決めたことに他方が怒り、さらにそれを覆し、敵意が募る。会議中の激しいやり取りが会議室の外まで聞こえた。ボストンの4人は運用には積極的だったが、販売と新積極的だったが、運用は保守的だった。ボストンの4人は運用には積極的だったが、販売と新ファンドには保守的というよりそもそも興味がなかった。ボーグルはいつもセールスの拡大と新しいビジネスに躍起になっていたが、ボストンの4人は顧客が運用を頼みに来ることを好んだ。彼らはそれこそがプロの仕事だと思い、電話セールスや機関投資家に対する売り込みの効果について懐疑的だった。そして、仕事の習慣も全く異なり、ドランは朝7時にはオフィスにいたが、他の3人は平日の朝8時に出社し、夕方の6時半には帰った。一方、ボーグルはいつも「常識外」で、朝早くから夜遅くまで働き、すべての業務を鋭く細かく監督した。

ボーグルは成功したが、そのために多くのものを犠牲にした。彼自身、後に**「私たちは世の中の期待に応えるように生きようとする。もし私が聖人であることを期待されるなら、そのように行動する」**と語った。

結局、ボストンの4人はボーグルの解任を決断し、フィラデルフィアの取締役、チャールズ・ルートと経営コンサルティング会社社長のロバート〔ボブ〕・ウォーデン宛てに、次のような内容の手紙を出した。「ボーグルは投資信託業界において最も経験の豊富な専門家として知られており、ボストンの4人よりも頭が切れる。問題は、ボーグルがソーンダイクの経営能力とドランの運用能力を認めないことだ。また、彼はこの2人と対話する姿勢を見せない。地理的に離れていることもあり、ドランとソーンダイクは、今後ボーグルとは一緒に働けないと決意し、ボーグルに辞めてもらいたい、と伝えた」

72歳で、モーガンはファンドの会長を辞めることにした。モーガンよりわずかに若いウェルチも退任することになり、ボーグルがすべてのファンドを監督する取締役会会長に選任された。その取締役会は会社型投信のファンド会社のもので、運用委託先のウエリントン・マネージメント社ではない。

一見順調に進んでいるように見える経営権移行の裏で、内部の緊張感は高まっていた。ボーグルはこの緊張に悩み、ウエリントン・マネージメント社のCEOを辞任すべきか、それとも株主総会で多数派工作を進めるべきかと迷った。対立が表面化しないように、ファンドの取締役会は、ルートとウォーデンの2人の取締役に解決を頼んだ。2人は、それがとても困難であることをすぐに悟った。

1カ月後、この2人はファンドの取締役会に、両サイドの軋轢は非常に深刻で、会社の存続の危機となり得ると報告した。ソーンダイクはボーグルに厳しく、「ボーグルは、他人を信頼して任せることができず、会議でも意見交換ができず、議論より命令を好む」と言い、ドランはボーグルを投資信託の専門家だと認めながらも、「会社の問題を直視しようとせず、率直な意見交換を避ける」と評した。

1972年12月初め、ドランとソーンダイクはルートに会い、唯一の解決策はボーグルの辞任だと告げた。それを聞いて、ルートは腹を立てた。後にルートはこう振り返った。「私は実際に手袋を投げた〔決闘を申し込むという意味〕。『自分勝手だ。おかしいだろう！　いい加減にしろ』と彼らに伝えた」。12月末、ボーグルは、ドランとソーンダイクとの関係改善に動き出した。ルートへの手紙に「ボーグル、ソーンダイク、ドランは過去のわだかまりを捨て、新しく組織を機能させるための最大限の努力をすることに同意した」と記した。しかし、それから間もなく、「ドランとソーンダイクは努力を重ねたが、もはやボーグルとは一緒に仕事はできないので辞めてもらうと決意した」と、ルートは報告した。

1971年4月1日、モーガンは予定通り辞任し、B株は契約通りに配分された。その約2年後、長年ウエリントンの取締役だったジェームズ・ミッチェルが70歳近くになり、定年を迎えることになった。彼の退職後に、4人が主導権を握るには、取締役のリチャード・コーコランを味方につければよいと考えた。コーコランはそれまではどちらの味方でもなかった。新任の取締役に過去の経緯を説明するより、対立が解決するまで現状の取締役会のままがよいのではないか、という意見が出たので、ルートが「ミッチェルに、『内部抗争が解決するまで辞めないでくれ』と頼み、同意してくれた」。ミッチェルはとどまることになった。

1972年1月にジェームズ〔ジム〕・ウォルターズがウエリントンに法務担当責任者として加わった頃、ボーグルとボストンの4人の争いはますます深刻になっていた。ボーグルは、お気に入りを会社型投信のファンド会社の役員に選び、ファンドの再建を進めた。これは、「ボーグルの脱出口」と呼ばれた。数年後、この表現が的確だったことがわかる。争いが激しくなるにつれて、ボーグルはウォルターズに、CEOとしての自分の権限を最大化する方法を考えるように、と指示した。

次にボーグルは、ウォルターズと、1970年の投資会社に関する法律にある「業務の社内化条項」について話し合った。ファンド管理会社と運用会社の関係は不当で、管理会社の権利がもっと尊重されるべきだ、とボーグルは確信していた。そして、それに合った経営改革を模索し、ウォルターズが入社する前から彼に、「相互会社化」と、ファンドが管理事務を自ら遂行できるかどうかを調べるようにと要請した。ボストンの4人はその考えにはもちろん賛成せず、ボーグルが会社を乗っ取るのではないかと疑った。

1973年、ルートは、独立取締役のために弁護士を採用することを提案し、証券法の専門家リチャード・スミスを雇った。スミスは証券取引委員会（SEC）の委員だったこともあり、当時はニューヨークの大手法律事務所、デービス・ポーク・アンド・ウォードウェルのパートナーだった。「遅かれ早かれ、ボストンの4人は引き下がらざるを得ない」という誤った信念に基づいた「自分は正しく、4人は間違っている」というボーグルの考えを、ルートは変えようとした。ルートは、ボストン側がボーグルに対して譲歩することはないだろうと思っていた。

ルートはボストンの4人の運用技術を評価せず、ボーグルこそがウエリントンの成功には必要だと信じていた。そして、ルートは、自身の言葉によれば、「雷に打たれたような」重大発見をした。それは、投資信託の取締役は、委託先を決定する法的権限があることだ。年金基金の運用委託先変更は、この10年で一般的なものになっていた。ならば、投資信託も最適の運用委託先へ変更してもよいのではないか？　もしボーグルが罷免されれば、ボーグル派が多数を占めるファンドの取締役会で、ウエリントン・マネージメント社との契約を破棄し、新たな委託先の選定を働きかける、とルートは宣言した。これにより、ボーグルが主導権を握る。ウエリントン・マネージメント社は投資信託の運用収入がないと生き残れないからだ。

ドランがボストン側の広報を担っていた。そのドランによると、ボストンの会社の士気は下がっていた。ボーグルはチームワークを評価しなかった。「自分以外はみんな無能だというボーグルの態度が、幹部のやる気を削いでいた」。ドランの言うように、ボーグルのもとで働く幹部は「しばしば自分の限界を思い知らされ、互いの信頼関係が失われていった」。ボーグルの独裁的なリーダーシップは、ボストンの4人と全くかみ合わなくなっていた。

ボストンとの深まる対立

1970年代半ばの株式相場の落ち込みは、インフレ調整後では1929年の大恐慌の時よりもひどかった。ダウ工業株30種平均は58パーセント下落し、1974年10月に580ドルの安値を付けた。この大幅下落は、ウエリントン・マネージメント社の業績回復に大打撃となり、運用資産は25パーセント縮小し、利益は約30パーセント減った。さらに悪いことに、会社の株価は合併時の40ドルから8ドルへと80パーセント落ち込んだ。その結果、ボストンの4人の持ち株の価値は、それぞれ150万ドルからわずか18万5000ドルになってしまった。

1973年2月、ドランはボーグルに、「ソーンダイクが経営にもっと参加させろと言っている。会社が困難な状況にある時に主要幹部が何とかしたいと思うのは当然だ」と伝えた。株式相場全体が5パーセントしか下落しなかった時、エクスプローラー・ファンドは35パーセントも下落したので、スティーブン・ペインを担当から外したことをソーンダイクが怒ったのだろうとボーグルは考えた。

1973年8月、ボーグルはファンド会社をフィラデルフィア市内から独立戦争の戦地として有名な郊外のバレーフォージに近いオフィス街に移した。営業上の利点から、ボーグルは後に、会社の登録住所にバレーフォージを使った。9月26日、ボストンの4人はボーグルと新しいオフィスで会った。ドランは投資信託の管理・経営にさらに参画したいと要求した。

11月14日、ドランは、「会社が全く機能していないので、辞めてもらいたい」とボーグルに切り出した。ボーグルは辞めるつもりはない、と応じた。ドランはすべて辞めるか、それともウエリントン・マネージメント社を辞めてファンド管理会社で管理のみを行うかという2つの選択肢を提示した。管理はボーグルの関心のない業務だったので、ジェームズ〔ジム〕・リープに任せていた。ボーグルはボーグル。結論は明確だった。戦おう！

ドランはボーグルに株を買い取ると申し出た。会社がボーグルに15年にわたり毎年2万ドルを支払い、当時の株価である1株6ドルでボーグルは保有するB株を会社に売却するという案だった。しかし、この価格は一般のA株のもので、高い議決権を持つB株への割り増しはなかった。ボーグルのB株を手に入れれば、ボストンの4人はウエリントン・マネージメント社を掌握できる。当時の金利の高さを考えると、ボーグルへの支払い額は、割引現在価値にして15万ドル以下にしかならなかっただろう。金融に精通した人が考えたとは思えないその案を、ボーグルは即座に断った。ボーグルは、退任して経営権をボストンの４人に売り渡すつもりは全くなかった。会社が資金を負担し、ボストンの４人がそのメリットを得るというならなおさらだ。「そんなバカな話は聞いたことがない。私は、身を粉にして働いてきた。君たちみんなと話し合い、協力し合おうとした。だが、もう飽き飽きだ。４人全員がサインした書面で出せ！」[3]

４日後、ボーグルはドランに、辞めないと伝えた。ジレット社の副社長でソーンダイクの友人でもあり、かつてアイベスト社の社外取締役だったコールマン・モックラーが、１９７３年12月12日にボーグルと交渉することになった。しかし、ボストン側の条件は変わらなかった。このため、ボーグルはモックラーに「主導権を握りたいのなら、会社の金ではなく、彼らが私に支払うべきだ！」と伝えた。

ボストンの４人はボーグルの逆提案が本気であり、あるいは少なくとも交渉の入り口には立ったものと受け止め、ボーグルは辞める気だと周囲に漏らした。一方、ウォルター・モーガンは「君たちは彼をクビにはできない！　ウエリントン・マネージメント社の全社員が束になっても、彼のこのビジネスの知識にはかなわない！」と述べた。

ボーグルは、自分の解任決議案が１９７４年1月23日のウエリントンの取締役会に、そしてその翌日の会社型ファンドの取締役会に提案されることがわかっていた。その対策として、独立取締役に20ページのメモを配った。それには、これまでの自分の業績と、「相互会社化」を含む将来に向けた提言も書かれていた。

相互会社化は当時の業界慣習からすると劇的な変革だった。当時の運用会社は一般に、投資信託の業務全体を仕切り、販売、運用を行い、それぞれのファンドの管理事務を担当していた。これは、1930年代から50年代にかけての厳しい時代に販売を重視して生き残ってきた運用会社の先駆者たちの方法を踏襲したものだ。運用会社の経営者は法律により、「独立」した取締役を過半数選任しなければならなかった。だが実態は、親しい友人が選ばれ、なぜ自分が取締役に選任されているかをわかっている彼らは、期待されたように行動した。

ボーグルは20年以上にわたり、強引なセールス手法で販売力を強化してきた。これは、彼を採用し、師でもあったモーガンの方針、「儲かるなら何でもする」に則っていた。売り上げと利益を上げることが、彼のモットーだった。今、彼のビジネスモデルは一変した。彼は考えうる最強の方式である相互会社形式の投信会社を志向することにした。

それは、ファンドは運用会社によって創設され運営されているので、運用会社の手数料は自ずと高く、投資家のリターンはその分低くなっている、とボーグルは確信したからだ。彼は自身が書いた長いメモの中で、利益相反を避けるために相互会社方式に全面的に組織変更するという提案をした。これで少なくとも40パーセントのコストをカットできる、と彼は予想した。

ボーグルの提案は3年前から準備され、「極秘」とされていた。その内容はわかりやすく明快だった。ファンドのウエリントン・グループはウエリントン・マネージメント社を600万ドルで買収し、400万ドルの固定資産と流動資産を手に入れる。そうすれば、ファンド・グループ会社は、原価で自前の運用と販売ができる。差額の200万ドルは、これまでウエリントン・マネージメント社に払っていた40パーセントの手数料を考えれば、1年で取り返せる。一方、ボストンの4人とその会社とは決別し、彼らは運用資産16億ドルの機関投資家相手の投資顧問会社に戻る。

ボーグルはメモの中で、いくつかの理由を挙げている。相互会社形式は消費者重視の潮流に沿い、利益相反の懸念も減少する。「上場運用会社の利益相反の適正さに対する面倒な質問も受けなくて済む」。ファンドのコスト削減効果は「計り知れない」。要するに、ボーグルの提案は顧客にとって長期的に多額のコスト削減が見込め、ウエリントンの社員に恩恵があり、そして法的問題もなかった。

取締役会当日

いよいよ1月23日の取締役会当日、ボーグルはいつも通り朝の仕事とランチを終えた後、自分の計画を提案した。うまくいくと思ったが、失敗に終わった。ほとんどの出席者は、ボーグルの意向を考慮せず、あえてなぜそんな提案をしたのかも理解しなかった。結局、彼の提案を検討する4人の取締役からなる委員会を作ることだけが決まった。しかし、その会議は一度も開かれなかった。

ドランは、ボーグルを解任することを経営上の決定としたので、正式に取締役会の承認が必要だと発言した。ソーンダイクは議長の決まり文句で、「さて、ボーグルさん、お辞めになりますか?」と尋ねた。

この質問は、6年にわたったウエリントン社内のボストンとフィラデルフィアとの確執が正式に終わりを告げるものだった。ボーグルは万策尽きたと悟った。もし辞めないと言えば、選択肢は1つしかない。クビになるだけだ。

いつも通り強気のボーグルは、少し考えるが、正式な解任理由を聞きたいと言った。そこで、ドランは取締役たちに、ボーグルが自分のやり方に固執すること、協調性のないことなどの理由を簡潔に伝えた。ドランの話が終わると、議長のソーンダイクは質問を続けた。「さて、ボーグルさん、お辞めになりますか?」

そこで、ボーグルは、辞任勧告を拒否する28ページの声明書を取り出し、すべてのページを読んで、こう伝えた。「今日のこの会合は取締役会というよりもインチキ裁判で、公平性がなく不正で行き当たりばったりで、そして仕組まれたものだ」

そして、辞任勧告を拒否し、その理由として次の4つを挙げた。辞任は会社に取り返しのつかない損失をもたらし、解任がウエリントン・マネージメント社の利益になるという証拠は何一つ示されていない。この勧告は「公平性を欠き、業界の慣行にも反する」。この解任条件は「非倫理的で法令に違反」してもいる。そして、この勧告を受け入れた場合、取締役会による

「会社資産の重大な乱用であり、受託者責任違反」となる。当時の不安定な市場環境の中で多くのファンド会社の収益が落ち込んでいるにもかかわらず、ウエリントン社の収益は増加していることにボーグルは言及し、取締役たちに「偏見なく行動するように」と言って締めくくった。

彼は粘った。「私が話したことは、大学生や社交クラブ向けのようなものだったかもしれない。しかし、辞任勧告は、一般投資家から集めた彼らの資産40億ドルに責任を持つ会社の取締役会としてはふさわしくない。冗談としか言いようがない」

ボーグルは熱弁を振るったが、取締役会決議には何の影響も及ぼさなかった。取締役会は10対1で彼の退任を求める決議をし、その代わりに少し退任報酬を増やした。次の仕事が見つかるまでは年6万ドル、その後は年2万ドルを16年間支払うというものだった。

だが、ボーグルはそれを拒否した。

すぐに2度目の採決が行われ、10票が賛成で、ボーグルとネフは棄権した。そして、ボーグルには彼の提案を検討する委員会のアドバイザー（その委員会が開かれることはなかったが）として、現在の給料を支払い続ける決議がなされた。

ボストンの4人がわかっていたかどうか不明だが、この件は大きなリスクがあった。ルートの脅しが現実のものになっていた可能性もあった。ドランはその時のことを、「辞任勧告のリスクが大きいことはわかっていた。しかし、ともかく事態を正常化しなければならなかった。確かにファンドの取締役会は、ウエリントン・マネージメント社に対して極端な行動に出るかもしれない。『君たちはボーグルをクビにした、ならば、我々が君たちをクビにする』という事態が起きないとも限らなかった。しかし我々は、それはないだろうと考えた。実際のところ、我々はファンドの独立取締役がどのような行動に出るかわからなかった」と述べている。

ネフはボーグルを擁護したが、後に、「**人の価値は、事態が思い通りにならない時にどのように行動するかで決まる。ジャックの行いは素晴らしかった。あれ以上のことはできない**[4]」と語っている。

取締役会はドランを社長兼ＣＥＯに選び、当面はボーグルにも給料を支払うことを決めた。ウエリントン・マネージメント社において、ボーグルは今、自分の会社も仕事も、すべてを失った。そんな男を他のファンド会社が雇うわけがない。彼は、異端者で、協調性がなく、経営者としても失格であることで有名になってしまった。合併戦略も間違えた。ドランとソーンダイクの上司として失格で、絶えず細かく管理監督し、自分勝手に決定を下す頭の固い男として名をはせてしまった。

取締役会はその日深夜まで及び、ボーグルが帰宅したのは午前1時だった。妻のイブに、解任になったと話した。

彼女は驚かなかった。

翌日、１９７４年1月24日の朝、ボーグルはとにかく前に進むために、アシスタントのジム・リープと共に朝6時発のニューヨーク行き列車に乗った。

第4章 ウエリントンとの闘い

ボーグルとリープはニューヨークでのウエリントン・ファンドの取締役会に出席した。ボーグルは、前日の手痛い敗北からの起死回生を図る提案を携えていた。彼の「敵」が、ウエリントン・マネージメント社の取締役会では大半を占めていたが、彼らはウエリントン・ファンドの取締役会では少数派だった。

ファンドの取締役会は11人からなり、ボーグル、ソーンダイク、ドラン、そして独立取締役あるいは社外取締役と呼ばれる8人の取締役がいた。8人のうち5人は以前フィラデルフィアのファンドの、そして3人はボストンのファンドの取締役だった。ボーグルはこの取締役11人のうちの6人が自分の味方で、5人が反対に回るだろうと予想した。ボーグルと5人のフィラデルフィアの取締役、それに対してドラン、ソーンダイクと3人のボストンの取締役だ。フィラデルフィアの取締役の中には、ボーグルが辞めればボストン側に主導権を握られるとして懸念する者もいた。

会議の席上、ボーグルは自分の優位性はさらに強まったと思った。友人のルートが利益相反の観点から、ボーグル、ドランとソーンダイクを投票から除外する提案をしたからだ。取締役会はこれに同意したので、5対3で勝てると踏んだ。しかし、その見通しは変わる。ボブ・ウォーデンが、総合的に考えた結果、ドラン側についた。これで4対4だ。しかしその夜、ウォーデンは致命的な心臓発作に襲われる。彼の死亡が確認された後、会議は再開された。

ボーグルの能力を尊敬するルートは、ボストンの4人の運用能力を評価していなかった。そして、ルートは、ファンドの会長と社長を選び、その後、取締役会が適切な運用会社を選び、契約を結ぶという提案をした。ボーグルは、その時のことを思い出し、「12時間にも及ぶ長い会議だったが、私はファンドの会長として、ウエリントン・マネージメント社から独立し、相互会社化し、スタッフを採用し、ファンドを原価で運営する権限をその社員らに与える、という提案をした」と語る。当時、そのような戦略を考えた運用会社はなかったので、これを認めさせる闘いは長時間に及び、困難を極めた。

相互会社化の提案に取締役たちは興味を示した。この提案によって、ウエリントン・マネージメント社は突然窮地に追いやられることになった。同社の大半を占める投資信託運用の仕事が解約されると、大変なことになるからだ。

ルートは、ファンドの取締役に運用先を決定する法的権限があることに注目した。運用会社の任命・罷免権があるとなれば、取締役が株主から委託されたこの権限を行使しないのは無責任ではないか？　ウエリントン・マネージメント社を解約し、新たな運用会社に委託してはどうだろう？

取締役会は続いた。議題は、ボーグルがファンド会社の取締役会会長を続けるかどうかだった。ルートの立場は明快だった。ボーグルは続けるべきだ、というものだ。

ボーグルは取締役に、「この会社はあなた方のものだ。皆さんは、株主である投資家から選ばれている。あなた方が株主に代わってこの会社を監督している。ウエリントン・マネージメント社はこの会社を所有しているわけでも、経営しているわけでもない。あなた方が経営している。投資家の声をファンドに反映するいい機会だ。私を罷免する必要はない」と伝えた。

ボーグルは、相互会社化の提案を主張した。取締役の中には彼の熱意を評価する人もいたが、ひとりよがりな思い込みだと思う人もいた。彼によると、ウエリントン・ファンドは、ウエリントン・マネージメント社の発行済み株式をすべて買い取り、すべての事業を社内に取り入れることで手数料を払わずに済み、コストを引き下げられる。ボーグルは、投資信託は基本的に利益相反があると考えていた。本来運用会社は、専門家、また受託者として、投資家利益を優先しなければならない。しかし、現実には、商売として運用を行い、運用会社の株主利益を最優先にしている。

ボーグルは続けた。ウエリントン・ファンドがウエリントン・マネージメント社のすべての株式を買えば、1つのウエリントンとしてまとまり、投信の投資家によって保有され、ファンドの取締役が監督する相互会社形式の投資信託会社が成立する。そうなれば、競争上有利だ。

取締役会は当初この提案に関心を示したが、ボーグルにとって残念なことに、突然の大きな改革であったために、保守的な取締役は、その場で決めることができなかった。今後の課題として、その場をしのいだ。

この重要な取締役会が終わる前に、独立取締役は会社全体のあり方について検討することを決めた。これには、ボーグル、ルート、バーバラ・ハウプトフューラー、ジョゼフ・ウェルチがその任に当たることとなった。最初の会議の後、すべての取締役が参加し、現状維持から相互会社化、そしてウエリントン・マネージメント社買収までの幅広い戦略について議論することになった。

2つの相対する「メモ」

ボーグルは取締役会に、彼の計画が実行可能である理由を示した。「近代化」「合理化」「簡素化」をもっともらしい理由として掲げていたが、実際の狙いは、相互会社の枠組みの下でボーグル自身がすべてをコントロールする、というものだった。1974年3月、リープの助けを借りて、ボーグルは45ページの極秘メモを作成した。「投資会社としてのウエリントン・グループの今後の組織構造」について書いたもので、次の5つの目標を記していた。それは、適切な独立性、最高水準の投資サービス、低コストの経営管理、高度な専門性を持つ人が働きたいと思える環境、今後高まる消費者重視と規制強化の潮流への対応だ。このリポートでは、将来に向けて想定し得る7つの経営組織の変更事例についても触れていたが、そのすべての目的は独立にあり、なかでもそのうちの3ケースは急進的なものだった。

ケース1は現状に近く、ケース2では、経費節減効果について、すなわち、管理などを自社で行うことでウエリントン・マネージメント社の利益の4割に当たる手数料の節約となる。ケース3では、販売も自社で行うと、さらなるコストカットとなる。将来、販売手数料ゼロ《ノーロード》とするという考え方も明記されている。ケース4は、ウエリントン・マネージメント社を買収するというもので、このメモによると、「詳細な検討の結果、この買収には十分な利益見通しがあり、組織運営上も法律上も問題ない」。そして、この買収コストは、今後の経費削減で十分カバーできる、と付け加えられていた。

このボーグルとリープの長いメモの結論は、「ファンドはすでに自立に向けて踏み出しており、なすべきことは、社内にケース2の機能を備えることだ。人員は少なくて済むが、金額的な効果は大きい。戦略上重要だ」というものだった。

ドランとソーンダイクはこれに強く反論し、100ページ近いメモを作成した。彼らの分析は4つの論点からなる。

- ファンド事業とウエリントン・マネージメント社の機関投資家ビジネスを一緒にすることは、百害あって一利なしだ。
- ウエリントン・マネージメント社は素晴らしい運用サービスを提供し、高い運用成績を収めている。
- 過剰な節約は、リターンを損なう恐れがある。
- 業務の社内化によって必ずしも独立性が高まるとは限らず、利益相反が消えるわけでもない。社内化は新たな利益相反を生むだけだ。

ウエリントン・マネージメント社はファンドの仕事のいくつかは失うことになると考え、ドランとソーンダイクとウォルターズはファンドの取締役への説明に行った。ウォルターズは重要な主張をした。もしファンドの取締役が能力を超えてファンド管理事務以外の判断をするなら、受託者責任違反となる恐れがあると指摘した。これに対し、取締役たちは頭を悩ませ、独立取締役への特別顧問になって間もない弁護士のリチャード・スミスも前例のない急激な改革に懸念を抱いた。

バンガード社の誕生

6カ月間にわたり分析と議論を重ね、取締役会は、事務管理のわずかな変更のみにとどめることに決め、ケース2の一部のみを採用することにした。それでも管理業務の社内化という点で、この改革は業界初だった。投資家への報告がボーグルに委ねられることになったが、彼は落胆した。彼は、管理だけでなく、彼の得意分野である販売も行いたかった。ファンドの業務の中で、管理は彼が最も関心のない分野で、ほとんど経験もなかった。しかし、これが新たな出発点だった。

ボーグルのファンドは顧客口座管理業務のためにわずか28人の会計士と事務員がいるだけの規模で、ウエリントン・マネージメント社とのビジネス関係は維持することになった。ボーグルは、ファンド会社をクビにならなかった。彼は、「勝ったと言えばそうも言えるが、割に合わない勝ちだ」と受け止めた。新しい仕事は、内部業務に制限されていたのでアシスタントのリープに任せ、ボーグルは全体の戦略を考え続けた。

ボーグルは次のステップを考えていた。ケース3の販売の社内化だ。「今はだめでも時間の問題だ。ファンドの販売は難題に直面しているので、2、3年のうちに理解が得られるだろう」。そして、締めくくりとして、ウエリントン・マネージメント社との関係については、「ファンドは完全な独立をするかどうかではなく、いつするかということだ」と考えた。

重要な第一歩は、ボーグルがウエリントンにいた頃にすでに始まっていた。ウエリントンのすべてのファンドはメリーランド州法の会社として再編されていた。そして、「フィラデルフィア」と「ボストン」に分かれていたいくつかの取締役会は、1つのファンドの取締役会としてまとめられた。これには3段階の承認と認可が必要だった。まず、それぞれの取締役会では、ファンドごとに誰が取締役として残るかを決めた。次に、それに対するそれぞれの投資信託の投資家の同意が必要だった。そして最後に、監督機関であるSECの承認が必要だった。この統合された取締役会はボーグルの思惑通り、彼の支持者が半数を超えていた。

ウエリントン・マネージメント社との決別は、感情問題でもあり、法律問題でもあった。最初の争いはウエリントンという名前の使用についてだった。両者共にその名前を自分のものにしたかった。規制上、ボーグルがウエリントンの名前は使えないとわかると、「我慢ならない。冗談ではない。全部放り出し、辞めてやる」と怒った。ルートは翌日ボーグルに電話し、「名前なんてなんだっていいじゃないか。好きな名前を自分で付ければいいだろう。投資信託業界で最高の名前にしよう」[1]と伝えた。

数日して、ようやくボーグルの怒りは収まった。そして、新しい社名を考え始めた。幸運だったのは、版画専門の骨董商が歴史好きのボーグルを訪ねてきたので、4枚の版画を買ったことだ。それはネルソンやウエリントン、ナポレオンの時代のイギリスの海戦を描いたもので、なかには「ナイルの海戦」という表題のものもあった。その戦いでの勝利の後、ネルソンはイギリス海軍本部へ自分の旗艦の名前を出して、「バンガード号はナイル川河口にて勝利」と知らせた。**バンガードは「先駆け」という意味**であり、ボーグルは、新しい小さな会社の名前にはぴったりだと感じた。「初めは、アメリカ投資信託サービス会社という名前を考えていた。だが、バンガードの方がはるかによい。すぐにこの名前に決めた」とボーグルは振り返る。投資家は認めてくれるだろうか、という不安もあったが、結果的には問題なかった。

1974年8月20日、ボーグルの説得に根負けし、ファンドの取締役らは、まず、ファンドが完全出資して新会社を設立することを全員一致で承認した。ファンドの取締役会の決定により、新会社はファンドの事務管理を行う。これは、ボーグルとリープのケース2に当たるが、投資アドバイスも販売もできない。このようにして、バンガードは始まった。そしてこれが、4年にわたるファンドビジネスにおける運用や販売など、主要な機能における主導権争いの始まりでもあった。

1974年9月26日にバンガードは設立された。これは、アメリカ史上有数の株式の下落相場が終わる数週間前のことだった。バンガードは1975年5月1日に投資信託の管理業務を始めた。

II

バンガードの発展

第5章 敗北からの出発

1975年初め、ボーグルの始めたバンガード社は、運用資産が14億ドルと中規模な投資信託の管理会社だった。しかし、11本のウエリントン・ファンドは過去40カ月連続で減り続け、その傾向は1978年1月までさらに40カ月間続いた。現金の合計流出額は9億3000万ドルに上り、これは資産の36パーセントに相当した。

ボーグルは当時を思い出し、「ぞっとするような期間」だったと話す。

さらに悪いことに、この新会社には将来の展望がなかった。ファンド会社の成功のカギは運用と営業にかかっているが、バンガードにはその2つの機能がなかった。運用も営業もボーグルをクビにしたウエリントン・マネージメント社が行っていたからだ。

しかし、野心家のボーグルは、バンガードは小さな会社だからこそ、自由で革新的な戦略を立てられる、と考えていた。後に彼は、「このチャレンジは、社内抗争の敗北から、投資信託を管理する新しくよりよい方法を築くことだった」と振り返った。ボーグルが言うように、バンガードは「投資信託を独立して運営することは可能で、またそれにより投資家の利益になる」ことを証明しようとした。

ボーグルは、自身のバンガード初期の戦略を「かなり楽観的」で、「少し現実離れ」し、「確固たる」ものだったと言う。こうした言葉は、彼が成功を成し遂げたからこそ出るものだ。そして、客観的に見れば、彼の行動はばかげているとしか思えなかった。

ボーグルは、リープをバンガードの中心業務のファンド事務管理の任に当てた。そうすれば、ボーグルは戦略と企画、顧客・マスコミ対応に専念できる。そして、ファンドの運用はしないという彼自身が同意した制約条件をなんとかかいくぐろうと模索した。何かのヒントを得るために、ディーン・ルバロンに電話をした。新しい運用会社バッテリーマーチ・フィナンシャル・マネジメント社の社長で、次々と革新的なアイデアを出すことで知られていた人物だ。ボーグルとルバロンの会社は共に小規模だが、他社とは違うものがあり、投資業界では有名だった。「あなたとあなたの会社についていろいろ聞いている。一緒に何かできるのではないかと思い、電話をした」とボーグル。

「ぜひ!」と、ルバロンは即答した。「いつ会えますか」

彼らには多くの点で共通点があった。異端者で、ビジネスに新しいアイデアを吹き込もうとし、自称ケチで、コストを最小限にすることが重要だと彼らは考えていた。また、共に世間に注目され、彼ら自身も称賛されることが好きで、そして大胆な起業家だった。

ルバロンは海外投資、特に中国、ロシア、南アメリカ諸国といった新興国への投資の先駆者だった。当時こうした国々は、海外投資家に対する税規制や利益の外国送金規制を緩め始めていたが、会計基準は未整備で、客観的な調査リポートもほとんどなかった。地元関係者は、外部の人の耳に届くはるか前にすべての投資情報を得ていた。

ルバロンはこれらのマイナス面の裏に隠れたチャンスに目を付けていた。こうしたリスクのため、ほとんどの機関投資家はラテンアメリカへの投資を控えていたが、ルバロンは問題をうまく回避し、むしろそれをうまく利用すればよい、と考えた。これまでほとんど誰も行ってこなかった市場リサーチをバッテリーマーチ社が手掛け、そしてこの分野のリーダーになろうと決意した。ルバロンは後に、「リスクを減らすにはさまざまな国への分散投資が必要だとジャックに言ったが、当初彼は全く乗り気ではなかった」と語っている。

心臓の具合が悪いことも、ボーグルが躊躇する一因だった。ルバロンによると、「ジャックはラテンアメリカへ行ってみたいが、それには、私が心肺蘇生法の訓練を受け、飛行機では隣に座り、ホテルでは同じ部屋に泊まってくれという。私は同意したが、ラテンアメリカへの旅は実現しなかった」。

ルバロンはボーグルを尊敬していた。その理由の1つは、バンガードの取締役たちのまれに見る質の高さだった。特にこの時代、投資信託運用会社の独立取締役は経営者の友人が多くを占めていた。ルバロンはまた、多数の会社型投資信託がバンガードを株主として保有するというボーグルの斬新なアイデアを高く評価した。

1970年代、年金基金が株式投資のために運用会社を通じて証券会社に支払う売買手数料は、現在の1株につき1～2セントと違い、40セントほどと高額だったが、その代わりに証券会社は調査情報サービスなどを提供していた。しかし、それは運用会社のためのもので、年金基金へのものではなかったため、ルバロンはその売買慣行を拒否した。ルバロンは、高額の売買手数料にそれだけの価値があるなら、年金基金がその対価を受け取るべきだ、と考えていた。ボーグルはルバロンをこの点で称賛した。

ルバロンは投資先企業の議決権行使に際し、公正に判断し、その企業の年金基金が顧客かどうかには全く左右されなかった。そのこともボーグルにとって称賛すべきことだった。例えばバッテリーマーチ社は、投資先企業でグリーンメールに賛成する取締役に対して、すべて選任に反対票を投じた。グリーンメールとは、ターゲット先の株式を市場で買い集め、最終的には高値で買い取らせることだ。[1] そのために、バッテリーマーチ社の顧客企業の会長から苦情の電話が入ったこともあった。

「ルバロン、バッテリーマーチ社は私の再任を認めないのか？」

「はい。我々には、グリーンメールを認める取締役には、どの会社でも反対するという厳格なルールがあります」

「それならおたくは解約だ」

「わかりました」

ルバロンのコストに厳しい姿勢と投資会社の古い既成概念にとらわれないところをボーグルは気に入っていた。**2人とも運用会社の手数料は高すぎると考え、また、ファンドマネジャーは給料が高すぎで、自分の報酬のことばかり考え、顧客サービスへの関心が薄いと思っていた。**

ボーグルもルバロンも数字に強く、ほとんどのアクティブマネジャーが「市場平均に勝っていない」ことを知っていた。それどころか、売買手数料と運用報酬を差し引いた後では市場がますます勝っている。「市場に勝てないなら、市場と同じように運用しよう」という単純な戦略で、2人は市場とマッチングするインデックスファンドへの関心を深めていった。学術研究や、ノーベル賞受賞者ポール・サミュエルソンが当時、ニューズウィーク誌に載せた記事も、インデックスファンドを理論的に強く後押ししていた[2]（インデックスファンドは、S&P500のような主要な指数《インデックス》を構成するすべての銘柄を、その時価総額の比率に応じて買うものだ。そして、個々の株価が変動すると、ファンドもそれに応じて調整する)。

規制上の問題があったが、バッテリーマーチ社やその他数社が機関投資家向けインデックスファンドを開始した。当時のＳＥＣの規制では、すべての売買取引には経験のある幹部社員の承認が必要だった。これは膨大な数の取引をするインデックス運用には不可能だった。ＳＥＣ委員長のジョン・シャッドはルバロンに、「規制違反だが、続けることを認める。**あなたに悪意はないのだろうが、おそらく見当違いな手法だと思う**」と言った。

どの会社も、個人投資家にはインデックスファンドを提供していなかった。しかし、ボーグルもルバロンも個人投資家に売る時期が来たと思った。

ボーグルは、絶好のチャンスだと確信した。どの企業や業界の株式が今後値上がりするかを予想するリサーチもいらない。どの株を買うか、どの分野に投資するかを決める高給取りのファンドマネジャーもいらない。インデックス通りのポートフォリオをいったん作れば、後は単純に淡々と市場の株価変動に従って修正すればよい。インデックスファンドは、バンガードには画期的な突破口となるはずだ。ボーグルは、市場で初めてのインデックス投信である「ファースト・インデックス・インベストメント・トラスト」の承認を取締役会で得ることを決意した。

世界初の「個人向けインデックスファンド」

1975年9月、バンガードが業務を開始してちょうど4カ月後、ボーグルは、これまでにないインデックスファンドを強く提案し、取締役たちを驚かせた。業界でインデックスファンドに反対する人々は、インデックスファンドを「平均追求」や「長期的損失の方程式」とあざけった。誰が平均でいいと思うのか？　誰が受け身でありたいと思うのか？　ボーグルは、いつものように数字を使って説明した。1964年から74年までの10年間のうち、7年間はアクティブマネジャーの半数以上をS＆P500が上回り、10年間を通して見れば、インデックスは投資信託の78パーセントに勝っていた。4分の3の株式投信は市場平均に勝てていなかった！　すなわち、投資成績で、インデックスファンドは「上位4分の1」に入る勝者だった。

個人向けインデックスファンドを「初めて考え出したこと」に、ボーグルは満足だった。初期のその他のボーグルの過激な提案に、取締役会は強く抵抗した。しかし、自身の創造性や粘り強さ、数字を駆使した説明もあり、彼は承認を勝ち得た。説明にあたって、彼は慎重に言葉を選んだ。インデックスファンドに運用は必要ない。インデックスファンドに必要なものは管理だけだ。適切な売買執行によりS＆P500のような代表的な指数を再現すればよいだけだ。つまり、インデックスファンドは、バンガードが認められている業務の枠組みの中で実行可能な「運用をしない投信」だ。

バンガードの取締役たちは何カ月間も検討を重ね、1976年5月にファースト・インデックス・インベストメント・トラストという名前で、SECに登録することを正式に認めた。インデックスファンドを取締役会で認めさせるのは難しかったかもしれないが、ボーグルには大変なことではなかった。証券会社に売ってもらうことの方が、はるかに難問だった。

ボーグルの強い期待とは裏腹に、証券会社はこの新しいファンドに見向きもしなかった。バンガードが無名だったからだ。1973年から74年にかけての株安でダウ平均は50パーセント近く下落し、それに当時の激しいインフレも考慮すると、株式の価値はさらに下がった。個人投資家のショックは計り知れない。インデックスファンドは、「平均値で手を打つ」という意味合いになり、販売は難しい。さらに悪いことに、この新しいファンドは、8・5パーセントの販売手数料を取ることになっていた。これでは、投資家は最初から市場に負けていて、市場平均と同程度のリターンを得ることはできない。

インデックスファンドを投入する承認を得た後、ボーグルはまずウォール街の大物たちに顔の利くウエリントンのベテラントレーダー、ジム・フレンチに電話をした。「フレンチ、ちょっと頼みごとがある。どこの証券会社がインデックスファンドを引き受けてくれるかな?」。しばらく考えた後、フレンチは「ウエリントンの昔からの取引先」で個人向け販売に強い証券会社のリストをボーグルに渡した。

次に、ボーグルはバンガードの若いクオンツ（計量的投資手法）専門家、ツワドフスキーに電話をした。彼はインデックスの担当者だった。ツワドフスキーによると、新しいファンドがS

&P500と同じ動きをするためには十分な資金が必要で、多ければ多いほどよい、と言う。スタートの準備をしているうちに、冬と春が過ぎていった。ようやくボーグルはディーン・ウィッターを主幹事とする4社の販売引受団を確保した。1976年春に1億5000万ドルの販売を目指した。証券会社の販売促進のため、ボーグルはボストン、ニューヨーク、ロサンゼルス、シカゴといった主要都市を担当し、リープはデトロイト、サクラメント、バッファロー、ミネアポリス、オースチン、メンフィス、その他の都市を担当した。その結果、この新しいファンドの売れ行きは芳しくないことがわかり、目標額を1億5000万ドルから7500万ドルへ引き下げた。

多くの証券会社から来るのは「絶対に市場に勝たないファンドを、どうして売る必要があるのか」「何の特徴もなく、運用技術も必要もなく、カリスママネジャーもいないファンドのどこに魅力があるのか」といった否定的な質問ばかりだった。

そして、7500万ドルだった目標額は、さらに4000万ドルに引き下げられた。

市場の反発は大きく、例えば、ミネアポリスの証券会社はポスターを作り、アクティブマネジャーにそれを配った。戦争中の兵士募集の愛国的ポスターをまねた、典型的アメリカ人を表すアンクルサムの下に、「インデックスファンドはアメリカ的ではない!」と書かれていた。多くの証券会社から次々と「機関投資家に売るのも大変なのに、どうすれば個人に売れるというのか」といった質問が寄せられた。

目標額を2000万ドルに引き下げると、バンガードへの質問状は、ツワドフスキーが心配したような「こんな少額で、インデックス運用は市場の動きを反映できるのか」といった内容に変わった。

目標額の2000万ドルが1500万ドルに変わると、ツワドフスキーは「こうなれば、インデックスの構成全銘柄を買うのではなく代表的銘柄を買い、おおよそインデックス並みの運用をすればよい。それでもファンドの運用成績はほとんど変わらない」と言った。

「本当にできるか？」

「大丈夫だ」

1976年8月、ボーグルのインデックスファンドは当初予定額の10分の1にも満たない1140万ドルしか集められなかった。[3]

ボーグルは間違っていた。商品のデザイン、販売戦略、そしてタイミングも間違っていた。10年早かったのだ。

この額は、運営費をカバーし、S&P500の通りに投資するには少なすぎた。失敗の原因は明らかだった。ほとんどの個人投資家はインデックスファンドなど聞いたこともない。ファースト・インデックス・インベストメント・トラストという名前は証券会社にも個人投資家にとっても魅力がなかった。手数料前払いで、まず投資家の資産元本から差し引かれ、そのハンディキャップをその後回復できない。その上、運用しないのに運用手数料も取られる。これでは、うまくいく方がおかしい。

ビジネスとしては大失敗だったが、ボーグルは後に、「ある意味では、成功だった」と振り返る。バンガードのインデックスファンドの歴史において、ボーグルの言う「最初の大切な資金」はほとんど集まらなかった。しかし、「我々はインデックスファンドを立ち上げたことにワクワクしていた」と彼は言った。

取締役会が、運用を禁じたこれまでの決議にひびを入れたことで、ボーグルはようやくスタート地点に立ったと満足だった。賢明なボーグルは、バンガードが管理していたエクセターファンドをただちにインデックスファンドに組み入れた。これで、資産は5800万ドルとなり、株価の上昇で9000万ドルになった。この組み入れによってファンドはS&P500の構成銘柄をすべて買える規模になった。6年後の1982年には、資産額は1億ドルに上った。この頃、例年になく、アクティブファンドの4分の3がS&P500を上回り、つまり初めてインデックスファンドの成績を上回った。その後株価が上がると、S&P500は逆転した。そして1988年、インデックスファンドの資産はついに10億ドルに達した。発売から12年がたっていた。

ボーグルの優れた資質の1つは画期的な発想と先見性、もう1つの優れた資質は、過去の経験を生かす能力である。この2つの資質によって、インデックス投資は生まれた。ボーグルがCEOを退任した後の1996年には、バンガードは国内インデックスファンドを19本持ち、資産額は240億ドルに達した。この他に国外インデックスファンドが20億ドルあった。バンガードはインデックスファンド市場の60パーセント近くを占めた。

次なる戦略

ボーグルの次の戦略は、投資信託の根幹である販売機能を根底から立て直すことだった。投資家に直接販売することで8・5パーセントの販売手数料をゼロにすることを考えた。これは、販売証券会社を怒らせるだろう。一方、ボーグルの最大の関心事であるウエリントン・マネージメント社の行っている販売への依存を解消できる。

長年ボーグルは、バンガードのウエリントンへの支払い手数料引き下げのために努力を続けてきた。その目的は2つあった。バンガードの利益の増加と、彼を解任したウエリントンに罰を与えることだった。ウエリントンの手数料は高すぎるので、引き下げは「当然」とボーグルは主張した。同規模の年金基金と同程度が適切ではないか。後に、販売と投資家サービスといった面倒な仕事はバンガードが担当し、ウエリントンが行うのは運用業務「だけ」となった。彼が数字に強いことを生かし、膨大な証拠を示して、持論を展開した。

ボーグルの販売手数料廃止への動きは投資信託業界とウエリントン・マネージメント社に大きなショックを与えた。証券会社への8・5パーセントの販売手数料は50年前からこの業界での常識だった。それに加えて、ウエリントンは証券会社に、ファンド内の株式売買について高額の売買手数料も支払っていた。ウエリントンが証券会社に多く支払うので、証券会社は同社のファンドを顧客に勧めてくれる。[4] こうした投資家無視の裏取引はこの業界では当時よく行われていた。

それに比べて、ボーグルの販売手数料ゼロへの転換は革命的だった。手数料ゼロのファンドは大手投資顧問会社を除けばほとんどなかった。投資顧問会社は、投資信託会社ではなく、機関投資家や富裕層のためのアドバイザーを自認していた。こうしたティー・ロウ・プライス、ルーミス・セイレス、スカダー・スティーブンス・アンド・クラークといった企業は、特に重要個人顧客の孫のような小口口座に例外的に手数料ゼロの投資信託を使うこともあった。手数料ゼロの投資信託を希望する顧客は誰でも歓迎するという投資顧問会社は数社あったが、大手投資信託会社は販売手数料を課し続けていた。

ボーグルの挑戦のリスクは大きかった。個人投資家向け証券会社はこれに反発し、ウエリントンのファンドの販売をやめた。既存の顧客に他のファンドへの乗り換えすら勧めただろう。事実、ウエリントンのファンドは徐々に手数料がかかる他社の商品に乗り換えられた。その結果、ファンドの資産額と収入は減っていった。販売手数料をなくしても、個人向け販売額が伸びなかったらどうする?

ボーグルは後に、「私はいつも販売手数料をなくしたいと思っていた」と語る。彼は、今後は手数料ゼロの時代になると主張した。そして投資家たちも徐々に手数料ゼロの利点に気づくようになった。

1977年2月7日から8日にかけて、ファンドの取締役たちは少しずつボーグルの主張の利点を理解するようになった。すなわち、販売手数料ゼロのファンドは、証券会社を通じて売るのではなく、バンガードが直接売るので、これまでの取締役会の禁止事項に反しない。ついに、8日午前1時、取締役会は8対5で販売手数料を廃止するという販売戦略の転換となる決議を行った。もし投資家がバンガードのファンドを直接買ってくれるなら、バンガードは手数料ゼロのファンド会社になる。これまでの「押し込み」とは逆の販売方法だ。

「投資に関する技術革新はいつも売り手目線のもので、顧客本位ではなかった」とボーグル。「私はウエリントンの証券会社向け販売部門の人たちといつも親しくしてきた。彼らに毎年言っていたのは『希望を言ってくれ。全員一致の意見であればモーガン氏と一緒に希望に沿うように検討する』ということだ。販売手数料をゼロにすることで、証券会社が見捨てられたと思っていることはわかっていた。しかし、我々は何も困らない。午前10時に記者会見を開いた。その日仕事を失った20の大口販売業者と、彼らと親密に働いていた100人の仲介業者は、当然のことながら怒りを表明した。レイノルズ社のロバート・ガーディナーはさまざまな脅しに動き、ドレイファスは『手数料ゼロ？　あり得ない！』という全面広告を出した。我々のビジネスは落ち込んだが、手数料ゼロの直接的なダメージはなかった。1カ月後、すべて落ち着いた」

バンガードは個人投資家向け投資信託を直接販売することに決めたが、法律上や規制上の問題はまだ残っていた。その計画は、投資会社法の例外的取り扱いが必要となり、公聴会が開かれた。

ＳＥＣの認可がいくつか必要だった。この問題についての公聴会は１９７８年1月に始まり、これまでになく長期化して5週間もかかった。公聴会判事のマックス・レーガンシュタイナーは、１９７９年5月に規則12ｂ－１となるものの根拠となる意見を述べ、証券会社がファンドの乗り換えを推奨しない代償として投資信託会社に追加的な手数料を取ることを認めた。皮肉なことに、このことから、ボーグルを「12ｂ－１手数料の父」と呼ぶ人もいた。人生を賭けてファンドに手数料をかけないようにと働きかけてきたボーグルにとってこれは皮肉なことだった。ただし、バンガードがその手数料を取ることはなかった。

バンガードはＳＥＣに対し、新設で少額のファンドはコスト負担が大きいので、バンガード傘下の全ファンドがそのコスト負担を行うことを認めるように求めた。１９８１年4月、ＳＥＣは、投資信託会社は投資家の資産から分配コストを控除できるとの決定を下し、公聴会で説明した。レーガンシュタイナーの決定により、ＳＥＣは、バンガードがすべてのファンドにその資産額に応じてコストを負担させることを認めた。そして、これまでにないもう1つの大きな違いは、バンガードが商品説明で「販売手数料ゼロ《ノーロード》」という文言を入れる許可を得たことだった。

プライムMMFの成功

バンガードの最初の販売手数料ゼロファンドは、1977年のワーウィック地方債ファンドで、従来の6パーセントの手数料は明らかに高額すぎた。地方債ファンドは株式ファンドと比べると、リターンが低いからだ。大きな転換があり、地方債の免税特権を地方債ファンドにも適応するとの法律が成立した。ボーグルは、それに対して2つの案を考えた。1つは、短期、中期、長期の3種類の償還期限を持つ地方債ファンドだ。投資家は希望の償還期限を選ぶことができる。これは好評だった。もう1つは、ワーウィックファンドの運用について、ウエリントン・マネージメント社と決別したことだ。ボーグルの粘りによって、ファンドの取締役会は、運用機関をシティバンクに変更した。数年後に成績不振のためシティバンクを解約することになるが、バンガードのウエリントンからの独立性はさらに高まった。

市場金利は10パーセントを超えていたが、銀行は規制により定期預金金利の上限を5・25パーセントに抑えていたので、MMFの人気は沸騰した。1975年、バンガードは、ウエリントン・マネージメント社が運用するプライムMMF〔CPや譲渡性預金などで運用するMMF〕を世に出した。それは、最初のMMFが発売された4年後だった。バンガードの低い手数料はこの頃には広く知られていて、このファンドの売れ行きは上々だった。

単純な投信ではあったが、バンガードのMMFは驚くような成功を収めた。1976年の当初はほどほどの500万ドルの売れ行きで、多くは既存の投資家からのものだった。しかし、

１９７７年には倍近い９００万ドルとなった。インフレの激化とともに短期証券の利回りも高騰したので、預金からＭＭＦに資金が流入した。ポール・ボルカーが議長を務める連邦準備理事会（ＦＲＢ）がインフレとさらなるインフレ期待が経済に及ぼすダメージを阻止しようとしたが、金利はさらに高騰を続けた。バンガードのＭＭＦの資産額は、１９７８年には２８００万ドルになり、翌１９７９年にはその６倍の１億９０００万ドルに達した。この５年後の１９８４年には、なんとその12倍の24億ドルになった。急成長はそれだけで終わらなかった。その５年後、ＭＭＦは１４８億ドルに急増し、バンガード最大の商品となり、資産全体の３分の１を占めた。

ＭＭＦに加え、ウエリントン・マネージメント社はバンガードの債券ファンドの90パーセントを運用していた。リープとボーグルはすべての債券ファンドを社内で運用する時が来たと考えた。バンガードの取締役会もこれを承認した。短期金融資産と債券資産は急成長しており、バンガードはこうした「シンプルな《プレーンバニラ》」資産を自家運用することで投資家のリターンを高めることができる。ウエリントン・マネージメント社などへの手数料を削減できるからだ。ボーグルは、ＭＭＦは従来型の運用を必要としない、と主張した。債券ファンドの急増に伴い、バンガードのコスト面での優位性は急速に高まった。

資産の急増に伴う手数料率の低下により、バンガードは競争力を高めていった。そして、投資家はますますバンガードへの評価を高めた。２０２２年時点でバンガードは、２億５０００

億ドル以上の短期金融資産を運用する。
ボーグルはよく「払わない金は自分のもの」と言っていた。

低コストを武器に急成長

リープはMMFと債券ファンドを運用する債券マネジャーを雇うことにし、フィラデルフィアのギラード銀行で30億ドルの債券を運用するイアン・マキノンを採用することにした。1981年、マキノンはバンガードに入社し、小さな机と電話一つで、内部監査担当者らと同じ部屋で運用を始めた。間もなくロバート・アウエターも入社し、共に債券運用部門で17億ドルの資産を運用した。その後、39本のファンド、620億ドルを運用するまでになり、1995年にバンガードはフィデリティに次ぐ第2位の1800億ドルの資産運用会社となった。主要な同業他社と比べて2倍の速さで資産を増加させた。投資家の口座数は300万になり、毎日3000の新規口座が開設された。バンガードは高利回り（低格付け）債や住宅ローン担保証券、優先株など、専門知識を必要とする運用はウエリントン・マネージメント社に委託していた。

バンガードの手数料の低さは断然優位となった。「債券ファンドとMMFにおいて、バンガードの経費率は他社と比べて0・5〜1パーセント低かった。**0・5〜1パーセント高いリターンで始めれば、断然有利だ。低格付けのものに投資するなどジタバタする必要もない**」とマキノンは述べる。

資産額が増えてもバンガードのコスト上昇はわずかで、その結果、時と共に運用経費率はどんどん下がり、債券ファンドなどではコストは0・01パーセントになった。これは、他社とは比べ物にならない。一般に株式投信においては、高い運用手数料は高い運用技術を示すもので、高いリターンが期待できるとされていた。MMFの投資家は、バンガードの手数料の低さに注目した。バンガードの資産が積み上がると手数料率は下がり、その結果、ますます資産が増えるという好循環が働いた。

一部の顧客は、友人にバンガードを勧めた。多くの顧客は、投資会社との関係を重視していた。顧客はある投資会社が気に入ると、その会社との取引を続ける傾向がある。バンガードの手数料の低さにひかれてバンガードのマネーファンドを始めると、多くの場合、やはり手数料の低い債券ファンドにも手を広げることとなる。そして、債券がそうなら当然株式も、となる。

バンガードは運がよかった。1980年代に入り、アメリカ史上最大最長の上昇相場に一段と弾みがついた。ジョン・ネフのウィンザー・ファンドは当時バンガードだけで売り、毎年素晴らしい成績を上げていた。多くのネフのファンは、彼のファンドに競って投資し、周囲にも勧めた。

一方、ウエリントン・マネージメント社の業績は回復しなかった。当時まだ11本のバンガードの投資信託を運用し、機関投資家向けのビジネスも続けていたが、資産額、収益共に減少が続いた。さらに悪いことに、ボストンの幹部の協調体制にもひびが入ってきた。

ボーグルはウエリントンに支払う手数料の削減が、問題解決の処方箋だとしばしば力説してきた。取締役会の反対もなく、ウエリントンへの委託業務は時と共に減少していった。上場会社としてのウエリントンは、収益を伸ばして、株価を上げることが求められている。

株式相場はピークより低い水準が続いており、資産額に応じた手数料に頼るウエリントンの業績は低迷を続けた。ウエリントンの株価はピークの50ドルから5ドル近くまで下がっていた。ボストンの4人はかつて自分たちが経営していた会社を売った対価としてウエリントン株を受け取っていたので、個人的にも痛手だった。「ひどいものだった」と、ドランは後に述べた。「我々は自分たちが持っているものを守るのに全力を尽くした。我々の資産と収益は落ち込み、株価は下がっていった」

成長しなければ、新たに優秀な人材を雇うことはできない。平均以下の成績が2、3年間続けば、解約が出てくる。運用成績の低下はウエリントン・マネージメント社の業績悪化につながり、そして、組織は弱体化する。大手機関投資家の数社が解約する事態になれば、その影響は計り知れない。それが数社以上となれば、多くの機関投資家がなだれを打つだろう。

ドランは「将来に向けて」という社内向けメモを作成した。これは彼が考えるウエリントンのあるべき企業価値と企業文化について述べたものだった。このメモがドラン以外が作成したものであれば、平凡だと無視されたかもしれないが、ドランのパートナーたちはドランの懸念を理解し、支持した。尊敬し合い、プロとして最高を目指し、社員に自己研鑽の機会を提供するというドランの考えは、ウエリントンの大切な企業文化として脈々と引き継がれていた。

ボーグルとウエリントンは激しく反目していたが、ウエリントンの何人かの幹部と、かつての同僚で今はバンガードで働く人たちの友情は続き、時が来れば、この2つの企業がまた関係を築く土台はあった（第12章参照）。

ボーグルとリープは今や、販売、顧客サービス、運用を統合するという念願を果たした。バンガードは前途洋々だった。

ボーグルは毎年恒例の社外施設での幹部会議で、革新的アイデアを発表するのを常にしていた。1992年には、皆が変えられないと思い込んでいることのうちの次の3つに挑戦すると強調した。

- バンガードはテクノロジーのリーダーにはならない。
- 資産配分に関して、各顧客にカスタムメイドのアドバイスはしない。
- 他社と異なり、バンガードは新規大口顧客への手数料引き下げを行う必要はない。

ボーグルはこの頃、フォーブス誌に「テクノロジーのリーダーになるには経費がかかりすぎる。しかし、何百億ドルも資産が増えている。我々は、この業界でのリーダーを目指す」と語った。

インデックスを上回る成績を上げるアクティブマネジャーを選ぶことはできない、とボーグルは考えていた。そして、インデックスファンドが受け入れられ、資産配分が投資アドバイスの根幹になるにつれ、バンガードにとってこれからは投資助言サービスが重要な役割を果たすことになる、と考えるようになった。しかし、1996年、ボーグルが辞めるまで、バンガードが投資助言サービス分野に進出することはなかった。

バンガードの4種類のアメリカ国債ファンドに5万ドル以上投資すれば、手数料率をこれまでの半分以下の0・10パーセントにすると、ボーグルは発表した。2000年の初め、バンガードの事務処理技術の進展を受けて、さらに多くのファンドについて、より低い最低投資金額を「割引」手数料適用の対象とした。数年後、これらの平均手数料率は0・11パーセントとなり、これはバンガード全体の手数料率の半分で、他社の0・63パーセントと比べると80パーセント低い水準だ。この手数料の引き下げにより、バンガードへの資金流入に弾みがついた。

第6章

低コストの強み

1960年代、ボストン・コンサルティング・グループの創業者のブルース・ヘンダーソンは、長期低コスト戦略に注目した。それは、企業の市場シェアを上昇させ、販売量の拡大を収益の増大につなげるという戦略だ。量の拡大によってコストが下がれば下がるほど、低価格が実現できる。

バンガードの基本戦略は、運用と管理コストを絶えず削減することにあった。ボーグルの友人のプリンストン大学教授バートン・マルキールは、1992年、ニューコメン協会での講演でボーグルを以下のように紹介した。

かつてある会議に出席するため、ジャックはニューヨークの高級ホテルであるプラザホテルに泊まらざるを得なくなった。チェックインの順番が来ると、彼は「一番安い部屋がいい」と受付に伝えた。受付が、安いシングルの部屋は250ドルだと言うと、ジャックはもっと安い部屋を希望した。安い部屋をいくつか提示されたが、ジャックはすべて高すぎると却下した。ムッとした受付は皮肉を込めて、「エレベーターホールの隣の、かつて掃除用具庫だった窓のない部屋なら、89ドルです」と言うと、ジャックは即座に「それがいい」と返答した。

受付が鍵を探している間に、ジャックは後ろに並んでいた紳士に、「待たせて申し訳ない」と謝った。その紳士はたまたまバンガードの投資家だった。「ご心配なく。ボーグルさんですよね。安い！　それが大切なのですよね？」

バンガードの節約精神

ボーグルは安いホテルの部屋に固執しただけではなく、飛行機ではファーストクラスにも乗らず、既製品のスーツが古びても着続け、仕事に関係のない集まりを避け、同じ車に何年も乗り続け、質素に暮らしていた。バンガードでの節約はその延長にすぎなかった。誰よりも早く、低コスト経営モデルを確立していたのだ。

最近まで、投資の手数料は低いものだと考えられていた。したがって、「もともと低いものを引き下げることに意味はあるのか？」「誰も関心がないのではないか？」「高いリターンこそが投資家の最大目標で、十分元が取れているのではないか？」「ベストでないファンドマネジャーをあえて選ぶのか？」と、よく言われた。

業界の環境が変化するにつれて、これまでの常識は通用しないとボーグルは考えた。バランスファンドの平均リターンが7パーセントの時、運用手数料が資産額の「たった1パーセント」なら、その比率はリターンの約15パーセントだ。この他に、1パーセントの売買手数料なども加わる。ということは、アクティブマネジャーはこの2パーセントを取り戻さなくてはならない。これは市場平均を30パーセント近く上回るということだ。同じような情報を持ち、優れたテクノロジーと人材に恵まれた競争相手の中で、この好成績を上げ続けることは可能だろうか。ライバルたちのちょっとしたミスにつけこむのはとても難しい。ボーグルは投資信託の過去の成績を研究し、無理だと判断した。

多くの運用会社は運用手数料を引き上げていた。特に0・20〜0・40パーセントの12b－1手数料を上乗せしていた。しかし、バンガードは手数料を引き下げ続けた。その結果、業界で注目を浴び、投資家たちの人気を呼んだ。だが、長年、直接的な価格競争は引き起こされなかった。競合他社は営利企業であり、「相互」組織でなかったからだ。1995年までに、バンガードの平均経費率は0・30パーセントに下がり、他社の平均経費率は0・92パーセントにまで増加した。

飛行機はエコノミークラスに乗り、安いホテルに泊まり、質素な食事で、接待はなく、給料はそこそこで、ほとんど広告はない、外部運用委託料はできる限り値切る、といった社内のコストルールのおかげで、バンガードの運用コストは業界最低だった。節約精神は幹部のオフィスにも及び、オフィスは小さく、シンプルで機能的で、グレーで統一され、積み上げた家具で仕切られていた。

投資家の観点に立てば、インデックス投資で不要なリスクを取ることなく、市場とほとんど同じリターンが得られる。だとすると、アクティブ運用の投資信託の価値は何か。市場全体に勝つ投信は毎年あるが、過去のデータを見ると様子は異なる。

ファンドは、それぞれ大型株、小型株、成長株や割安株などに特化して運用されている。専門性に合わせたチーム編成をし、これという銘柄に投資する。しかし、現実は厳しく、この15年間、89パーセントのアクティブ投信はインデックスに負けている。ある年、残りの11パーセントの勝ち組に入っても、その後勝つことはほとんどない。ベンチマーク（運用指標）に及ばなかったグループのマイナスの合計は、勝ったグループのプラスの合計より大きい。さらに問題なのは、投資信託の投資家全体の平均リターンは投資信託全体の平均リターンより相当低い。彼らの多くはファンドを高値で買い、安値で売っているからだ。

今日の市場は、専門性の高い投資家とコンピューターによって取引され、アクティブマネジャーがインデックスに勝つチャンスは60年前より大幅に減少した。高コストのアクティブマネジャーの運用手数料と売買手数料の影響もあり、市場に勝つことは世界中の主要市場においてますます難しくなった（いまだに個人投資家が中心の中国は例外）。株式市場の売買は、かつてはアマチュア個人投資家と売買量の少ない機関投資家が中心だったが、今日では優秀なプロによってなされている。

同じように優秀な人が同じように優れた情報を持って売り買いをする。50年前、大手証券会社には10人ほどのアナリストがいるだけだった。それが今では500人以上を抱え、世界の地域ごとに業種別と企業別のアナリスト、エコノミスト、商品取引の専門家、ポートフォリオストラテジストなどがそれぞれに情報を集め、それを世界中の機関投資家にインターネットで配信する。専門家は誰もが最先端のコンピューターを駆使し、世界には、あらゆる有用なデータを好きなように活用できる34万5000台のブルームバーグ端末が置かれている。SECは、すべての上場企業に、誰かに重要情報を提供したら同時に他のすべての投資家にも同じ情報を提供しなければならないと定める。すなわち、**専門家は誰もが同時に同じ情報を受け取っているということだ。**

ところで、バンガードはインデックスファンドだけでなく外部のマネジャーに委託するアクティブファンドも提供している。では、コストがリターンを上回るのを避けるにはどうすればいいのか。それは徹底したコスト削減だ。インデックスファンドとETFはコスト削減効果がある。もう1つの方法は、アクティブマネジャーを慎重に選び、格別に手数料の引き下げを求めることだ。このウィン－ウィンの関係は、現在バンガードが何十人ものアクティブマネジャーを選定する際に行っているものだ。

バンガードは、自分の選んだアクティブマネジャーの4つの主な利点を挙げている。(1)成績がよければ、資産は増える、(2)投資家へのすべてのサービスは、バンガードが行う、(3)バンガードの委託先は、十分に分散投資している、(4)バンガードのファンドの資産は、平均的な投資信託より安定している、といったことだ。バンガードは、素晴らしい成績を上げたマネジャーには相応のボーナスを支払う。しかし、成績の悪い時にはかなりのペナルティーもある。

バンガードは顧客に優秀なインデックス運用と優秀なアクティブ運用を提供するよう努めているが、いずれにしても、コストを低く抑えて長期的視点に立った投資を顧客に提供する。そして、適切な計画を立て、長期にわたってその計画を維持するようにと顧客にアドバイスをする。

平時の備え

小さな節約を積み上げる努力も実を結んでいる。多くの投資信託会社は年4回、報告書を出し、分配金を支払う。バンガードでは、コストを削減するため、分配金の支払いは年2回というファンドもある。この支払い回数の削減によって、1つのファンドにつき、経費を5万ドルから10万ドル節約できる。同様に、投資家の議決権行使書のサイズを縮小し、郵送費を年間4万ドル節約した。

バンガードが最も力を入れるコスト削減策は、投資家サービスを向上させる目的で行う人員削減を実現するための、テクノロジーの積極活用だ。しかし、顧客サービス要員を増やすこともあった。何年も前、コールセンターの繁忙時には他部門から応援を出すことで、人件費の節約につなげた。当時COOだったジャック・ブレナンがこれを考え、ボーグルは、国民全員で国を守ってきた小国にちなんでスイス・アーミー方式と名づけた。この方式は成功を収めた。

話は少し戻り、1987年4月頃、金利上昇に伴い、地方債は予想外の急落となった。地方債市場は活気が失せ、投資家のちょっとした動きにも即座に価格が反応した。売りが売りを呼んだのがこの1987年だった。長期の地方債ファンドからMMFへの投資家の乗り換えが急速に進んだ。他社の多くは乗り換えに際して解約手数料を課したが、バンガード（ドレイファスも）は取らなかったので、この影響をまともに受けた。地方債の中には20パーセントの下落となるものもあった。そして、バンガードの800本の電話回線に対し、2万7000件以上の心配した顧客からの電話があった。[1] 債券マネジャーのイアン・マキノンは当時を、「交通事故に遭ったようなものだった。喉はカラカラで、ある種のパニック状態だった」と振り返る。このときはスタッフたちも、さすがに45秒以内に90パーセントの電話に対応するというバンガードの基準を守れなかった。

このことから、ブレナンはコストをかけずに再発を防止する決意をした。かかってくる電話の件数は、相場の急落、天候、納税時などによって変化する。電話が多い時と少ない時の件数の比率はおおよそ2対1だ。ブレナンの解決策は、1人のスタッフが複数の仕事をこなせるように訓練することだった。その中には、彼自身や個人投資家部門の責任者ジェームズ〔ジム〕・ゲートリー、インデックス部門の責任者ガス・ソーター、そしてボーグルも含まれ、必要とあればすぐに電話応対する。その訓練はオフィスで2日間、電話口で5週間行われ、そしてその後も、年1回2日間の再教育プログラムがあった。いつも非常時に備える、いわゆるスイス・アーミー方式は、3つの基準、すなわちコストの削減、高い顧客サービス品質の維持、そして幹部による個人顧客への直接対応、に合致していた。

6カ月後、このスイス・アーミー方式の成果が試される瞬間がおとずれた。10月に、わずか1日でダウ平均が22・6パーセントも急落したのだ。おびただしい数の電話がかかってきたが、準備は万端だった。バンガードは電話の急増にきちんと対応でき、社員に笑みがこぼれた。「投資家が心配になる時に大切なのは、1番目にはまず対応すること。2番目にはしっかりと情報を伝えること。そして、3番目には顧客の要望に応えることだ」とブレナンは言う。

顧客からの電話応対中、ソーターのユーモアのセンスが光った。顧客はアクティブ運用ファンドを求め、インデックス運用はサルが運用しているのだろうと言った。ソーターは愛想よく、「たぶん、あなたが今お話しされているのはそのサルのボスです」と応じた。

「バンガードインデックスファンド」の誕生

整然とコスト削減を進める一方、バンガードは投資家のリターンを高める新たな方法を考え出した。それは、保有有価証券を貸し出すことで金利収入を得て、それを投資家に還元することだ。バンガードは、リスク管理のために空売りをする証券会社を厳選して有価証券を貸し出す。その際、証券会社は100パーセント以上の高格付けの担保に入れなければならない。つまり、バンガードにはリスクがない。401kビジネスの責任者ビル・マクナブは、フィナンシャル・タイムズ紙に「当社の有価証券貸し出しの期限は、MMFより短く、100パーセント担保されているので心配はない。この追加収入はファンドによっては実質的に運用手数料をゼロにするほどにもなる」と語った。

もう1つのコスト削減策は、ビジネス環境の変化への対応に消極的な関連サービス提供業者を替えることだった。バンガードはもともとS&P500を利用するために、指数を算出するスタンダード・アンド・プアーズ社に固定料金を支払ってきた。このファンドが予想外の人気となったために、S&P社は値上げを要求した。バンガードはこれを拒否し、その後、ガス・ソーターはS&PファンドのETF版を始めた。それに対し、S&P社は、ETFは別の商品なのだから、これまでより高額な利用料金を支払うのは当然だと要求してきた。バンガードが再度断ると、S&P社の当時の親会社マグロウヒル社が訴訟を起こし、マグロウヒル社が勝利を収めた。しかし、話はこれで終わりではない。

ソーターはシカゴ大学の有名な研究所で資本市場の計量的分析を専攻し、MBA（経営学修士）を取っていて、著名な卒業生でもあったため、シカゴ大学ビジネススクールの諮問委員を務めていた。何十年も前に、メリルリンチがそのビジネススクールの証券価格リサーチセンター（CRSP）設立にあたって5万ドルを提供したことをソーターは知っていた。メリルリンチは「債券より株式の方が長期的にリターンが高い」という証明が欲しかったからだ。当時、その命題には議論が多かった。これは、エドガー・ローレンス・スミスの１９２４年出版の『長期投資としての普通株式』以来、議論されてきたことだった。この本は１９２０年代の好景気に沸く時代のバイブルとも言えるものだ。

企業金融のジェームズ・ローリー教授の指導の下、大学院の学生は８６５０日以上にわたり毎日１０００銘柄以上の株式売買価格を集め、IBMのパンチカード〔当時のコンピューターの記録媒体、入力手段〕に入力した。これは９００万件ほどの量だった。その結果、長期になると株式の成績は債券をかなり上回ることが証明された。メリルリンチはこの研究結果に満足した。しかし、このシカゴ大学のCRSPのデータは、S&P社のデータのような売り物ではなかった。S&P社のもののように投資に活用するための情報としてのインデックスに転換されていなかったからだ。ソーターは、これを次のチャンスととらえた。

このCRSPは、バンガードの主たる顧客である個人投資家には全く知られていなかった。そこでS&P社と対決するより以前に、ソーターは、インデックスファンドがS&P500と連動していることを投資家がどのくらい重視しているか、調査するように指示した。予想通り、投資家はほとんど関心がなく、バンガードが低コストのファンドマネジャーであることを重視していた。一流のインデックスであれば、どこのものでもよいと思っていたのだ。

そこでソーターは、CRSPに対して、そのデータを継続的なインデックスにしてほしい、その経費全額はバンガードが前払いすると、シカゴ大学の責任者であるテッド・スナイダーに提案した。これによると、2人の教員が1日750ドルで作業に当たる。このインデックスをバンガードがベンチマークとして使えば、シカゴ大学ビジネススクールにも大きく貢献もでき、さらにS&P500の年間使用料と比べてかなり安くなる。

こうしてバンガードS&P500インデックスファンドは、バンガードインデックスファンドとなった。

広告塔はボーグル自身

広告費は、長年の削減対象であり、もともとほとんど使っていなかった。ボーグルはこのギャップを埋めるために、ニューヨーク・タイムズ紙、ウォール・ストリート・ジャーナル紙、マネー誌、フォーブス誌、バロンズ誌、ケーブルテレビのCNN、CNBCといったバンガードに好意的なマスメディアに出るように努めた。

ボーグルのメディア対策成功に秘訣などなかった。投資関係者の多くはメディアを避けがちだが、彼は積極的に毎日メディアと付き合った。経済関係の記者からの問い合わせに数字を織り交ぜて説明した。投資業界は潤っているが、個人投資家に対して業界は高い手数料に見合った実績を出していないとボーグルは主張したのだ。「投信の手数料は高すぎる」「売買手数料は行き過ぎだ」「ファンドマネジャーは欲深で、短期的な利益しか見ていない」「広告は誤解を与えている」「業界の将来は暗い」。**記者たちは、ボーグルを投資信託業界の異端者、良識ある伝統破壊者と評した。**彼のこうした態度には批判もあったが、彼はその著書や記事やスピーチで、業界の問題を指摘するだけでなく、すべての個人投資家が理解し利用できるような基本的ガイドラインを示した。

ボーグルのイメージはバンガードのイメージ向上に役立ち、個人としてもこの業界で最高のブランドイメージを確立した。ジャック・ブレナンによると、ボーグルのイメージは毎年バンガードに「何百万ドルもの広告効果」をもたらしたという。ビジネスにおいて尊敬の的となる人物は滅多にいない。金融証券においてはなおさら少ない。ボーグルはその困難を乗り越えた。そして、ボーグル自身もそのことを気に入っていた。ワシントン・ポスト紙が、ボーグルとウォーレン・バフェットを投資家に誠実な企業リーダーとして紹介することもあった。

ボーグルはバンガードの広告塔だった。そのことは、特に初期において他社との差別化要因となった。しかし、ボーグルは引退後、「経営陣が私を使ってくれない」とこぼした。ボーグルは、バンガードのために無給で働けたし、そうしたかったたし、バンガードがそのような彼の想いを知っているとも思っていた。彼は、バンガードが自分に表舞台に出る機会を与えないことで、自分と自分が設立した会社を傷つけていると感じていた。しかし、自分が、バンガードの幹部と反対の意見を勝手に発信する人物と幹部に見なされていることに彼は気づかなかったし、気づくつもりもなかった。「ETFは売買をしすぎる傾向がある」とか、「インデックスファンドが市場に占める割合が大きすぎるのは問題だ」とも発言した（これらの問題は第18章参照）。

ボーグルはアメリカのビジネス界において最も有名な人物の1人となり、それを彼も楽しんでいて、妻は彼が70歳か75歳、あるいは80歳か85歳で退職するのを願っていたが、彼は聞く耳を持たなかった。彼の名声にはますます弾みがついていった。彼の考えは、ゆるぎなくわかりやすかった。その大胆で皮肉っぽい語り口は多数の聴衆を喜ばせ、みんな彼の話にワクワクした。話を聞いているうちに彼を信頼した記者たちが、ますます彼のもとへ押し寄せるようになったので、2、3週に1度、自分の話や記事をまとめて彼らに送った。そこに、キーポイントを手書きで加え、記事の間違い箇所を訂正したものも同封した。その結果、ボーグルは、洞察力に富んだ観察者として世に知られ、尊敬されるためにCEOでいる必要も、バンガードにいる必要もなくなった。

社員への還元

2008年の株式相場の急落で、金融・証券業界は経費節減のために何万人もの従業員を解雇した。しかし、バンガードは何百万ドルもの経費削減はしたが、誰一人解雇しなかった。ならば、どのように経費を削減したのか。市場は急落したが、社員は必要だった。相場が大幅安になっても、顧客にはこれまで以上のサービスが必要だった。バンガードの経営陣は、解雇によって社員がやる気をなくすことを懸念し、解雇の代わりに配置換えを進めた。その結果、かつてないほど離職率が下がり、士気は高まった。

ジャック・ブレナンは、**「低コストは低品質を意味しない。経費にはうるさいが、必要な経費は惜しまない。つまり、賢くお金を使う。我々は、世界で一番コストが低く、最も価値の高い投資サービスを提供する」**と語った。

大口投資家にとって、手数料率の低さが大きなメリットとなる。大口投資家は、投資金額1単位当たりのサービス提供コストが低くなる。だからこそ、バンガードの大口投資家向けのクラスであるアドミラル（最近では、すべてのインデックスファンド）は経費の低さを享受している。大口顧客を獲得し、規模の利益が働き、経費率が下がり、投資家は利益を得る。

「われわれにとって大事なことは、何をするかよりなぜするかだ」と、現CEOのティム・バックリーは言う。「意思決定する時、すべきことと、すべきでないことを考える。『新しい提案で、どの程度のコスト削減やサービス増強ができるか』。我々は、顧客サービスの効率性向上を目指している。例えば、ブレナンが提案した投資家の新しい振り込み方式にはたった4000人の利用しかなかった。これでは効率がよくないので、このサービスは中止した」

どんなことでもやりすぎると想定外の問題が起こり、深刻な事態となることもある。バンガードが急速に拡大している時には、顧客への対応が遅れたり、ミスが多発したりすることがあった。コスト削減とサービス向上のバランスは、永遠の課題だ。顧客への対応時間とミスはいつも注視されている。顧客からの苦情は大切なものだ。

何年か前の経費削減に伴い、予期せぬ重要事態が起こった。社員の給料に関連したもので、ブレナンのチームが事態収拾に動いた。

投資業界で働く大きな利点は給料がよいことだが、バンガードの社員はその恩恵を受けていなかった。社員は、コストを抑えてよい顧客サービスを提供するバンガードが好きで、「外部に発信し続け」、貢献するボーグルを尊敬していた。小さくて質素なオフィスにも不満はなかった。バンガードの社員食堂も質素ではあったが、早くて安くて種類が豊富なことに社員たちは満足していた。

ブレナンは入社希望者に、「特別な金持ちになりたいなら、バンガードに入らない方がいい。しかし、バンガードでしっかり働けば、他の業界の友人よりよい給料がもらえる」と、好んで伝えていた。しかし、社員は徐々に、「自分たちはもっと給料をもらってもいいのではないか」と思い始めた。他の投資会社に比べて給料が低すぎると思うようにもなった。「このまま働き続けていいものか?」「待遇がいまひとつなのは何か失敗をしたからか?」。そこでブレナンは、彼らの言い分をしっかり聞くことにした。上級幹部ではなく、特に若手幹部と直接ランチの場で話し合った（第10章参照）。

「いい考えであれば、誰のものでもいただく」と、笑いながらブレナンは、ウィスコンシン州ラシーンにある「ジョンソン・ワックス」のメーカー、SCジョンソン社で最初に得た素晴らしい経営上の考えを思い出して話した。ハーバード・ビジネス・スクールを卒業する時、社長アシスタントとして誘われ、一目でブレナンは同社の経営上の考えに好意を持った。ジョンソン家は、働く人と会社の利益を分かち合っていたのだ。その結果、その地区の優秀な人が一生働きたいと思う会社になった。

ブレナンは相互会社における利益分配制度を検討し、提案した。ボーグルはすぐにそれを認め、1984年12月21日、全従業員に以下のようなバンガード・パートナーシップ・プランを発表した。


クリスマスパーティーで話したように、取締役会は、新たなバンガード・パートナーシップ・プランを実行に移すことを承認した。

今回、取締役会と経営陣がこのプランの実行を決めたのは、会社の成長の成果を投資家と従業員で分かち合おうと考えたからだ。バンガードはユニークな会社組織なので、業績を他社と比べるのは難しい。資産の増加が重要だと思うが、それでは業績のすべてをカバーしていない。

一般の株式会社と異なり、我々には正式に利益や成績を測る「純利益《ボトムライン》」の概念がない。この問題解決のため、取締役会はバンガードの「利益」を測る方式を承認した。これは、他の主要な投資信託会社との経費率を比較して試算した。基本的に経費率から収入を推定し、そこから経費を差し引いた差額が「利益」だ。

単に資産の増加ではなく利益を見ることで、従業員のコスト削減と生産性向上への関心を高められると思う。我々の事業は競争が激しいが、質のよいサービスを提供する中で緊張感が重要だ。

さらに、サービスと効率を上げるには、どの分野においても優秀な人材の確保が大切だ。そのためには、適切な報酬制度が必要で、この新しいプランではこれまでの給料に新たな処遇制度を付け加える。特に長年働く従業員は大切だと考え、勤続2年以上と勤続10年以上の社員に特に報いるようにする。

最後に、我々の顧客は、バンガードの独特の会社組織と低コスト経営の恩恵を受けている。だから、それを提供する従業員たちもその恩恵を受けるのが当然だ。バンガード・パートナーシップ・プランはそういう目的で作った。

毎年のパートナーシップへの利益配分は、運用資産額やファンドの相対的成績、顧客資産の増加、投資信託業界全体の平均と比べたバンガードの顧客の経費低下などの3年間の実績を基に決める。一人ひとりへの支払額は、勤続年数と職責によって決まる。

このパートナーシップによって、2002年と2008年に減少したものを含め、社員の報酬は制度開始から年平均15パーセント以上増加した。このことでさらに愛社精神は高まり、社員と顧客との関係を深めた。離職者はコストを常に増加させるので、離職率を下げることは経費削減の賢い方法だ。バンガードにおいて、特に上級幹部の離職はほとんどない。

第7章 アクティブ運用

ジョン・ネフ

バンガードは、顧客が長期的な投資計画を立てて、それに沿って投資を続けるよう勧めている。そして、バンガードの投資は保守的で、顧客にも市場の短期的な動きを気にしないようにと忠告しつづけている。

大企業の創成期において、創業者でもCEOでもない人物が、企業発展に大きな寄与をすることはほとんどないが、ジョン・ネフはその役割を果たした。困難な創成期において、卓越した成績を上げるファンドマネジャーのネフなくしては、バンガードは投資家に認められなかっただろう。そして、彼らは家族や友人、同僚にもバンガードを勧めてくれた。

1964年から95年までの31年余りの間に、ネフのウィンザー・ファンドは市場平均を22回上回り、1964年に投資した資金は55倍以上になった。ウィンザーのトータルリターンはS&P500を2倍以上上回り、1万ドルを1964年からの31年間複利で投資した場合、56万4637ドルとなった。**彼の「業界トップ」の成績の秘訣は、利益の確保だけでなく、損失を避け、リスクを適切に管理することにあった。**リスク調整後のリターンはさらにめざましい。

多くの資金がウィンザー・ファンドになだれ込み、その資産額と収益は急増した。当時のバンガードは創成期にあったので、この収益は乳児の成長に不可欠な母乳のごとき役割を果たした。それだけでなく、ネフのウィンザー・ファンドに引き付けられた顧客は、バンガードの他の商品、特にコストの低いMMFと債券ファンドにも関心を払うようになった。反対に、初めに債券ファンドに投資した人は、ウィンザー・ファンドの好成績を見て、株式に投資するこのファンドを加えることも多かった。

ネフは1931年9月19日生まれで、彼が4歳の時に両親は離婚し、彼はミシガン州のグランドラピッズの母方の祖父母の家に引っ越した。その後14年間、父親に会うことはなかった。

子供の頃からジョンはしっかりとした意見と独自の考えを持っていた。1年生の通知表には「けんかっ早い」と書かれたが、母親は、「息子の言い分は筋が通っている」と、主張した。5年生では、「感情をコントロールできない」と書かれた。不合理なルールを疑問視する傾向と共に、自らへの自信が育まれた。11歳から、小遣いは自分で稼いだ。1944年の夏、12歳で昼はゴルフ場でキャディーとして働き、夜は新聞配達をして週に40ドルを得た(今日の600ドル以上に相当する)。

2年の間、船には一度も乗らなかった海軍船員を退役し、復員兵に教育資金を給付することなどを定めた復員兵援護法によって、トレド大学に進学した。彼は当時を思い出し、「私の取り柄は、飽くなき好奇心と数字に強いこと、自分の考えを言えること、そして自制心が強いことだ。高校では並の成績だったが、大学はとても楽しく、成績はほとんどAで、最優等で卒業した」と述べている。

トレド大学でネフはシドニー・ロビンス教授に出会った。ロビンスは、投資リサーチと運用という当時の新しい分野のバイブルと言える『証券分析』の著者ベンジャミン・グレアムとデビッド・ドッドの弟子だった。ロビンスのクラスを2つ取り、また、彼の励ましもあり、投資に夢中になった。

ネフはロビンスの推薦があったにもかかわらず、ニューヨークでの職を得られず、1959年に年俸4200ドルでクリーブランド・ナショナル・シティ銀行にリサーチ・アナリストとして採用された。ネフは、「この仕事に思った以上にのめり込んだ。大成功だった。どんな細かい仕事にもワクワクした」と回想する。その後間もなくケース・ウェスタン・リザーブ大学の大学院の学位を取得し、自分の投資口座残高を10万ドルに増やした。

ナショナル・シティ銀行の上級自動車アナリストがみすぼらしい古い車に乗っているのを見て、地方銀行の信託部門の給料は大したことがないと思った。そこで、「給料のよい仕事への転職」を目指し、ドレイファス、ナショナル・インベスターズとウエリントンの3つの投資信託会社に目を付けた。ネフは、「チャンスは無限にあるが、ナショナル・シティ銀行での望みはないと考え、荷物をたたみ、フィラデルフィアへと向かった」。

当時のウエリントン株式ファンド（後にウィンザー・ファンドと改称）に彼が加わった頃、状況は将来有望とは程遠いものだった。「私がここに来た1963年当時、ウィンザー・ファンドは想定以上にひどかった」と思い返す。「運用チームは何をすればよいのかわからない状態だった」。1962年は多くの投資家にとって大変な年で、S&P500が一時8・7パーセント下落した際、ウィンザーはその3倍近い25パーセントも下落した。市場がその後回復してS&P500が22・8パーセント上昇しても、ウィンザーはたった10パーセント戻しただけだった。投資家は一斉に資金を引き揚げ、7500万ドルの小さなファンドから流出する金額の方が、入ってくる金額より多くなっていた。さらに悪いことに、ウィンザー・ファンドは看板商品の20億ドルのウエリントン・ファンドの評判まで落とし始めた。ウエリントン・マネージメント社は3

年前に上場したので、株価への影響を危惧した。

ジョン・ネフはウィンザー・ファンドのこれまでの運用手法を検討し、多くの問題点を見つけた。それは、意思決定が委員会方式によって遅れ、チャンスを逃してしまっていることだった。楽観的な予想で、高値づかみをする。企業分析がほとんどなされていない。要するに、ウィンザー・ファンドは自ら失敗していた。ネフの分析は幹部の信頼を得、入社1年も経たないうちにウィンザーで最初の単独ポートフォリオマネジャーになった。

「単純にしておけ《キープ・イット・シンプル》」がネフのモットーだった。それはずっと変わらない。彼には個別企業や業界の深い専門知識があると、ほかの社員たちは口をそろえて言う。上昇相場であっても下落相場であっても、彼は統制の取れた永続性のある以下のチェックリストに従って判断する。

- 低ＰＥＲ（株価収益率）
- 7パーセントを超える持続的な利益成長
- 最低利回りの確保（多くの場合それ以上）
- 買値に対する高いトータルリターン
- 低ＰＥＲをカバーできない限り、景気敏感株は買わない
- 成長分野の堅実な企業
- 強固な収益・財務基盤[2]

ネフは、チェックリストの基本的な考え方を以下のように明快に説明した。

人気株を追うのではなく、その反対を目指す。株価の急騰や急落による騒ぎには乗らず、逆手に取る。見向きもされない不人気の割安株が適正価格に戻るのを利用する。低価格でリスクの低い株が狙い目だ。

ネフでさえ2、3年続けて市場平均を下回ったことがあった。今日の市場において勝つことは難しい、と彼は思ったかもしれなかった。しかし、ウィンザーの手法は別格で、長期的には強みを発揮する。

ネフは、バンガードの報酬制度に満足していた。彼によると、「自信のあるファンドマネジャーは、『投資家に誠実であるということは、取引手数料や運用管理手数料は安く、そして、卓越した成績を上げた場合にはインセンティブが、成績が不振だった場合にはペナルティーがファンドマネジャーに与えられること』だと考える。まさしくその制度をウィンザーは取っていた。運用資産額の一定比率の手数料を受け取るファンドなどと違い、ウィンザーの報酬は運用成績で決まる。ウィンザーのようなファンドマネジャーへのインセンティブやペナルティーを導入するところは、他にほとんどない。ファンドマネジャーの多くはうまく運用する自信がないからだ」[3]。バンガードの何人かのマネジャーと同様、ネフの報酬もベンチマークとなる指数に対する成績を基に、一部は決められていた。

ネフの在職期間の後期に当たる1991年には、ウィンザー・ファンドの経費率はわずか0・37パーセントとなり、平均的な株式ファンドより1・10パーセント低くなった。競争力はますます高まった。

ネフの評判はとても高かった。彼の動向は毎日ウォール・ストリート・ジャーナル紙に載った。年々経験を重ね、個別企業と業界に関する専門知識は他の追随を許さなかった。

ダニエル・ニューホールとジェフ・モリトー

優れた投資会社を見つけることは容易ではないが、バンガードのダニエル・ニューホールと彼のチームはこの大変な仕事で長期間成功している。手数料の低さが大きな要因だ〔バンガードにはアクティブ運用会社数社へまとめて投資するファンドがある〕。

責任者のニューホールが選び、そしてグローバル投資委員会と取締役会が承認したアクティブ運用会社にとっては、バンガードに選ばれることは大きな利点がある。それは、投資金額が大きく、投資家への運用報告や法務、コンプライアンスを含む管理事務、そして顧客対応といったサービスがバンガードは充実しているからだ。選ばれた運用会社は運用に専念でき、また、バンガードの安定した顧客層を相手にできることも魅力だ。

バンガードはこうした状況をわかっていて、自身の強みを運用会社との報酬交渉の武器として使い、「バンガード限定」の低い運用手数料を引き出している。

ニューホールによると、60パーセント以上のバンガードのアクティブファンドは手数料の差し引き後、年平均０・２５パーセントも業界平均を上回る成績を収めている。これは、委託する運用機関の選択とプロセス管理によって「短期のみ好成績」の運用機関を排除していること、そして、バンガードの経費率が他社よりこの15年間で年間０・５９パーセントも低いことにある。

また、バンガードはアクティブ運用会社の一部あるいは全額を解約することがある。例えば、バロー・ハンリー・メウィニー・アンド・ストラウス社のジェームズ・バローは、バンガードのウィンザーⅡファンドを何年間もマネジャーとして運用して成功していたが、２０１５年に引退した。残った社員の評価を行った結果、バローに匹敵しないと判断して同社との契約を解除し、バンガード内で運用することとした。

さらにバンガードは、１つのファンドや特定の種類のファンドが、長期投資ではなく投機的な理由で、効率的な運用ができないほどの資金を集めたり、新規の投資家を集めたりしている場合は、そのファンドへの新規投資を受け付けなくしたり、購入を制限したりする。例えば、アカディアアン・アセット・マネジメント社は新興国市場投資で特に成功し、運用資産が何倍にもなり、５億ドルに達していた。この状況はアカディアアン社には限界だとバンガードは考え、1億ドルは本社に戻し、計量的運用をした。ティム・バックリーがボストンのアカディアアン社に状況説明に行き、彼らの仕事に感謝の意を表した。

ITバブルの1999年から2002年、バンガードの商品開発を監督する部門横断チームは、毎週行われる会議で新商品について議論した。営業部門の代表たちは、当時の運用評価部長ジェフ・モリトーに、いつITファンドを売り出すのか、と毎週尋ねた。他社のITファンドに大量の資金が流出し、営業部門に苦情が殺到していたからだ。モリトーは毎回きっぱり「ITセクターの相場は今が天井なので、売り出す気はない。客のためにならない」と言った。ITバブルが崩壊すると、モリトーの正しさが証明され、他社に流れた顧客の資産はバンガードに戻った。

株式のアクティブ運用資産は現在、合計で4600億ドル以上となり、バンガードは、他社ファンドに投資する世界最大かつ最も経験のある運用会社の1つとなった。現在のニューホールのチームは、運用機関を選択する23人のアナリストが26社に委託している（うち1社はバンガードの計量的投資グループ）。通常、毎年1000社ほどをチェックし、200社ほどと面接し、50人近くのマネジャーを真剣に検討する。この最終選考に残った会社のうち、最大5社を新たに選ぶ。これだけ幅広く検討することで、バンガードはアクティブ運用のベストプラクティスに関する知見を蓄積する。

ガス・ソーター

コンピューターを使って割安株を見いだす「計量的投資」は、ボーグルが1980年代の終わりにバンガードで始めたもので、これを推進するために、ボーグルはフランクリン・ポートフォリオ・アソシエイツと契約した。こうすればバンガードのインデックス運用と合わせて車の両輪になる。ガス・ソーターはその準備をしていた。

ソーターは理論上、相場の勢いや割安度といったさまざまな「要因」を計量的に分析することでチャンスがあると考えた。しかし、そういった要因重視の投資は、結果が出るまでにかなりの時間がかかる。鹿狩りのように、ほとんど何も起こらずに時間だけが過ぎ、多くの人は本当にうまくいくか不安になる。その間に、その割安度は消える。「各要因が真の超過収益をもたらすか、十分に検討する必要がある」と、ソーターは話す。

ハワード・ショーとミッチ・ミリアス

1983年、ペンション・アンド・インベストメント・エイジ誌の記事にジャック・ブレナンは目を留めた。彼がよく知り、尊敬する2人の優れた投資家であるハワード・ショーとミッチ・ミリアスが、この投資業界で名高いキャピタル・グループを退職したとの記事だった。プライムキャップ・マネジメント社という新しい会社を立ち上げるための退職だった。それでブレナンは2人に電話し、「ニューヨークへ来ることはありますか」と誘った。フィラデルフィアよりも彼らに足を運んでもらいやすいと、ブレナンは思ったからだ。

それから時を置かず、マンハッタンの高級ステーキハウス、クリスト・セラの個室にブレナンはいた。冗談を交えた和やかな空気だったが、肝心の話は進まなかった。ショーとミリアスはバンガードに全く関心がなかった。「投資信託に全く興味がない。投信は細かい事務管理があり、規制も細かく、多数のスタッフを抱えなければならない」と2人はブレナンに言った。「我々は投資だけに集中したい。顧客が大手の機関投資家だけなら、投資に専念できる」

キャピタルは個別銘柄と業界のリサーチに優れていることで名を成し、優秀な人材を集め、「長く」社員に勤めてもらうことで成功してきた。キャピタルは素晴らしい職場で、これまで誰もキャピタルを自ら辞める人はいなかった。しかし、今、2人の幹部が新会社を作ろうと、数人の若いアナリストを引き連れて辞めたのだ。新生プライムキャップ社の戦略はシンプルだった。国内外の最大手機関投資家20社と契約し、プライムキャップ社の投資手法をよく理解してもらい、中身の濃い対話を継続するというものだ。こうすれば、顧客はずっと付き合ってくれる。新たな顧客を求めて出張を重ねるのではなく、自分たちのスキルとエネルギーを投資に注ぎ込み、素晴らしい投資結果を顧客に提供するという考えだった。

ブレナンは即答した。「素晴らしい！　バンガードがあなたたちの顧客になる。いつかは、唯一の顧客になる。そして、投資信託の細かい管理業務や投資家サービスは我々がすべて引き受けるので大丈夫だ」。両者はすぐに合意し、こうして両社のパートナーシップが誕生した。この関係はその後、ブレナンが期待した以上の成果を上げている。

バンガードの顧客サービス機能とプライムキャップ社の運用能力を組み合わせるというのがブレナンの発想だった。これは、ボーグルがボストンの会社をウエリントンと合併させたことと同じ発想だ。

このプライムキャップ社とバンガードとの新しい関係は、通勤の自動車の中でそもそも始まった。ショーとミリアスは、共にカリフォルニア州のパサデナに住み、一緒の車で通勤し、午前7時前にロサンゼルスのキャピタルのオフィスに着いた。この時刻はアメリカ東部時間では朝10時に当たり、ニューヨーク証券取引所が開く時間だ（1985年から9時30分に変更）。そのため彼らは午前6時15分までには家を出る。この通勤途中で2人は投資情報を交換し、アイデアを出し合った。

ある朝、「キャピタルを辞めようと思う。一緒に来てくれないか」とのショーの言葉にミリアスは驚いた。

ミリアスは茫然とした。ショーはキャピタル社で、優秀で尊敬されるリーダーだ。キャピタルの資産額と業績は急速に伸び、今後もそれは続くだろう。まずミリアスの頭に浮かんだのは、ショーは2番目に多くのキャピタル株を所有するが、それが無駄になることだった。キャピタル社のリーダーであるジョン・ラブレスが作った自社株保有制度では、転職する場合には、保有する全株式を、意図的にかなり低く抑えられた簿価で会社に売り渡す決まりだった。だが数カ月考え抜き、ラブレスとも何度も長時間話し合い、ショーの気持ちは決まっていた。「やはり辞めるよ、ミッチ。一緒に辞めよう」。ミリアスは、キャピタル社でのプロとして、個人的にも経済的にも恵まれた状況を考えると、ショーと一緒に会社を辞める決意を固めるのには何週間もかかった。

バンガードとの最初の合意から35年後、プライムキャップ社はあまりに多くの個人投資家の人気を集めた結果、3本の株式ファンドは新規投資家を断るほどになり、現在1450億ドルをバンガードのために運用している。小規模の運用会社としては、驚異的な金額だ。

今日の投資の世界において、大口機関投資家でも一口座の委託額は5000万ドルくらいだが、バンガードのプライムキャップ社での運用資産はその3000倍近い。バンガード・プライムキャップ・ファンドの成績は長期的に他のファンドを3パーセント以上、上回っている。プライムキャップ社の集中投資ファンドであるバンガード・キャピタル・オポチュニティー・ファンドの年間リターンは、テック大手株のおかげもあり、S&P500の5・8パーセントに対し、2倍以上の12・1パーセントに達している。

第8章 インデックス運用

バンガードはインデックス投資で知られるが、実際にはインデックス投資とアクティブ投資が存在する。この2つは共に、低コストと低手数料を競争力の源泉としている。

バンガードは200以上のインデックスファンドとインデックスを基としたETFを運用し、それぞれ個別に販売、また、人気の高まっているターゲット・リタイアメント・ファンドやライフストラテジー・ファンド（第17章参照）の一部としても提供している。当初、たった1人のアシスタントと始めたガス・ソーターの株式インデックス運用グループは、今や80人の専門家を抱えるようになり、世界の40の株式市場を常時分析している。

バンガードの戦略は、売買コストを下げるために突然大量の株式を売買するのではなく、インデックスの変化に従ってポートフォリオも順次数日から数週間かけて変えていく。また、第6章で述べたように、安全を確保した貸し株で得る収入で経費を相殺する。

インデックスファンドを運用する機関は、インデックスの収益率と実際のファンドの収益率の差を示すトラッキングエラーに絶えず目を配り、その差は0・02パーセント以内に収まるべきだ、と考える。バンガードのマネジャーは、ポートフォリオがインデックスの数値から離れないように時間をかけて調整する。市場規模が小さい場合や海外市場においては、注意が必要だ。引け際に「特異」な動きを示す場合には特に気を付ける必要がある。

株式インデックス運用グループは世界中を飛び回り、何十もの市場の関係者や監督機関の人たちと会い、市場の効率性と健全性の向上のためのアドバイスをする。巨大投資家であるバンガードは世界中の株式市場に詳しく、経験も長いので、世界中からアドバイスを求められる。2021年におけるバンガードのインデックスファンドの運用資産残高は5・3兆ドルだ。

インデックスファンドは本来、投資家に長く持ち続けられ、平均保有期間は約10年だ。バンガードの平均的なインデックスファンドでは、年間のポートフォリオ売買回転率〔ファンドの運用資産が、一定期間内に売買によってどの程度入れ替わったかを示す指標。通常、低いほど組み入れた銘柄の保有期間が長く、入れ替えに伴う売買手数料など運用コストを抑えられる〕が3～4パーセントにすぎない。

インデックス投資は、特に近年発展してきた。株式売買は地球を巡りながら途切れなく行われる。そのため、バンガードの売買取引はアメリカからオーストラリア、そしてヨーロッパへと24時間体制で実行される。発注先の証券会社に対しては、顧客にとって最もよい条件で注文を執行する「最良執行」と公正な取引を求める。売買注文に応えるために証券会社は革新的なコンピューターシステムを開発してきたが、問題はどの会社がベストかということだ。取引量が多いので、どの証券会社もバンガードとの取引を希望し、そのためバンガードは低い手数料で質の高いサービスが受けられる。

テスラ株組み入れの波紋

S&P社がテスラ社の株式をS&P500に組み入れた2020年12月18日、バンガードの熟練のトレーダーたちはいよいよ今日が勝負だと思った。インデックスファンドのプロにとって真剣勝負となる。テスラ株はこれまでの株式とは異なっている。株価はめまぐるしく動き、過去1年間で約7倍に急騰した。そして、S&P500の構成銘柄にするとの発表以降も、40パーセント以上株価が上がった。テスラ株はすぐにS&P500に加えられたのではなかった。S&P社は新規に組み入れる企業について、少なくとも4四半期続けて黒字を計上することを求めているためだ。これは、小型で安定性のない銘柄がインデックスに出たり入ったりするのを避ける必要があるという理由によるものだ。テスラ株は、初日にインデックスの5番目の大型株になり、これまでにない取引量となった。インデックスファンドは大量のテスラ株を買う必要がある。その上、S&P500をベンチマークとするアクティブファンドもテスラ株を買わなくてはならない。ということは、テスラ株を買ってそれを入れるスペースを作るために、そして買う資金を作るために、インデックス運用中の同額の他の株式を売らなくてはならない。

市場全体で570億ドルのテスラ株購入と、570億ドル分の他の株式売却が起きる。それに加えて、インデックス以外のトレーダーも漁夫の利を得るために機会をうかがう。この取引は、20~30年前には考えられない規模だ。当然マネジャーへの質問は、「混乱なく売買取引を完結させられるか」となる。幸いなことに、12月18日は、トレーダーが「クアドルプル・ウィッチング・デー」と呼ぶ、4つの先物・オプション取引が同時に期限を迎える1年に4度ある日のうちの1日に当たり、市場の売買高が劇的に高まる日だった。

トレーダーのゲームのルールは、他のトレーダーの行動を予測し、それを他のトレーダーが予測し、それをまた他のトレーダーが予測することだ。「その日のはるか前からも、当日においても、膨大な情報が錯綜する」と、株式インデックス運用グループのロドニー・コメジズ。彼自身はトレーダーではないが、25年の経験を持つ彼のチームは、戦略を立て、今後を予想し、対応策を練る。バンガードは、他の主要インデックスファンドのマネジャーと連絡を取ることはない。

本当の問題は、ニューヨーク証券取引所が引けた後に何が起こるかだった。テスラ株は6パーセント値上がりし、市場の流動性は確保された。このテスラ株の組み入れ問題は、コンピューターの2000年問題を思い起こさせた。多くの懸念や混乱が予想されたが、何も起こらなかった。自由な市場において、多くの情報を持つ専門家が勝った瞬間だった。

ガス・ソーターの見たインデックスファンド

ガス・ソーターはバンガード入社前に、5つの会社で働いていた。入社してすぐに、バンガードには他にはない企業文化があると思った。「入社後すぐ、ここで定年まで働きたいと思った。みんな懸命に働き、いつもファンドの投資家にとって何がよいかを考えている。一方、他の投資会社は利益最優先で、高額の手数料を取る。これは投資家との利益相反だ。高額の手数料は会社のためであり、投資家にとっては最悪だ。この利益相反がバンガードにはない。**相互会社であるバンガードへの出資者は傘下の会社型投信だが、その会社型投信の株主はその投信への投資家自身だ。**したがって、投資家以外のファンドオーナーに利益が分配されることはない」

ソーターが入社した1987年10月、バンガードには12億ドルの運用資産を持つ社内運用の株式インデックスファンドが1本あった。2週間後、S&P500が1日で20パーセント以上下落し、ファンドの資産額は8億5000万ドルに落ち込んだ。彼は真顔で役員に言った。

「正直に言いますが、私のせいではありません」

最初のインデックスファンドを証券会社に認めてもらうのは大変だった（第5章参照）。

１９８７年のこの株価急落〔いわゆるブラックマンデー〕の前、バンガードは2本目の株式インデックスファンドを12月に販売しようと計画していたが、急落のため取りやめた。そして、ソーターは入社して最初の2カ月間、相場急落の後始末をする傍ら、新しい運用ソフトの開発に注力した。新たなインデックスとして選んだのはウィルシャー４５００指数〔アメリカの上場企業を最も広範囲にカバーするウィルシャー５０００指数からＳ＆Ｐ５００採用銘柄を除いた指数で、小型株のベンチマークとされる〕で、約４５００種の株式をカバーしている。専門家の研究によると、Ｓ＆Ｐ５００と比較して広く分散され、「小型株効果」もあり、リターンとリスクが高めになるとされている。売買執行面では約４５００銘柄の株式運用はより複雑なコンピューターシステムが必要で、バンガードには当時そのシステムがなかった。ソーターは、「この開発は大変で、昼夜を分かたず働いた」と振り返る。

同じ頃、計量的株式投資グループは多くのアクティブ運用ファンドに加え、インデックスファンドも次々に立ち上げた。しかし、ジャック・ブレナンはソーターに「これ以上新しい商品を出すのはやめよう。すべてのニーズに応える《ワンストップショッピング》１つのインデックスファンドを作ろう」と伝えた。それが、１９９２年４月27日発売のすべてのアメリカ上場株からなるトータル・ストックマーケット・インデックスファンドだった。これは、２０２０年11月現在、資産額１兆ドルで、世界最大の投資信託となった。

1990年代、各地方紙は個人投資家のために「投資家の週末」と名づけた集まりを催すことがあった。大会議センターで開催され、多くの大きな部屋で同時にさまざまな投資手法や商品の紹介がなされ、いろいろな投資テーマについて話し合われ、大ホールではスピーチが行われた。誰でも参加できる集まりだ。ソーターはよくこれに参加した。「ある年には、この『投資家の週末』で25回も話をした。スピーカーは通常3人1組で、あとの2人は最近の成績がよいアクティブマネジャーだ。私は当時あまりよく知られていなかったインデックスファンドを紹介し、そのよさについて話した」

続けて、「おかしな話だが、私自身はバンガードの株式インデックスグループを立ち上げ、そのマネジメントもしたのだけれど、直接運用したのは2本のアクティブ計量ファンドだった。そのことは話題にはならなかったが、徐々に多くの人からバンガードがアクティブとインデックスの両方のファンドを提供していることの正当性について尋ねられた。しかし、バンガードの『信念』は、アクティブかインデックスかという問題ではなく、低コスト投資にある」。

ゆっくりではあるが確実に、インデックス運用は成長し始めた。この成長には以下のような3つの理由があると、ソーターは考える。

●1990年代後半のITバブルの期間、ゼネラル・エレクトリック（GE）、マイクロソフト、シスコシステムズ、インテルといった大型成長株のおかげで、大型株中心のS&P500は90パーセントのアクティブファンドに勝つことができた。当時S&P500はインデックス運用の代名詞で、資産は急増した。

●2000年代初めにITバブル（ドットコムバブル）が崩壊した際、多くの投資家はファイナンシャルアドバイザー（FA）の勧めで当時大幅に割高だった成長株に偏って投資していた。上がったものは下がる。バブルが弾けると、こうした株も大きく値下がりした。この苦い経験は、現代投資理論の基本理念を裏付けるものだった。すなわち、分散投資することで、リターンを維持しながらリスクを下げることができる。アドバイザーと投資家は分散投資の必要性を痛感した。トータルマーケット（全市場）インデックスファンドほど分散投資されているものはない。そこで次にそれが人気となった。

●2008年の世界金融危機は、投資家に大きな影響を与えた。多くの人は、今後はこれまでのような高成長は望めないと考えた。すなわち、これまでのような高いリターンは期待できない。低いリターンしか得られないなら、手数料は重要な意味を持つ。インデックスファンドの手数料は、アクティブファンドと比べるとほんのわずかだ。これが、3番目の理由だ。

こうしたインデックスファンドの特徴が、何十年間もアクティブ運用に勝ち続けてきた理由だ。もう1つは、企業年金基金は、年金基金を規制するエリサ法の制定をきっかけに受託者責任を認識し、手数料の低い、広く分散されたインデックスファンドを使い始めた。

1987年にソーターがインデックスを始めた時は10億ドルだった。その時、ボーグルがソーターのところに来て言った。「ガス、心配するな。インデックスはいつか大きくなる。100億ドルも超えるようになる」。当時、ソーターは自分が働いている間にそのような大きな目標を達成できるかわからないと思った。2012年に彼が退職する時、バンガードの株式インデックスファンドはボーグルの希望的観測の100倍の1兆ドルとなっていた。その後も成長を続け、2022年には5兆ドル以上になった。

第9章 上場投資信託（ETF）

「ガス！」聞き慣れた声が会社のカフェテリアに響き渡った。「ガス、一体何事だ？」。1カ月にわたる例年のレークプラシッドでの休暇から戻ったボーグルは、明らかに焦っていた。

なぜか？　ソーターがバンガードのインデックス投資をETFで「破滅」させようとしている、とボーグルは思い込んでいた。ネイサン・モストの革新的なアイデアから生まれたETF

を、ボーグルは受け入れず、ETFに反対し続け、従来型のインデックスファンドに執着していた。ETFによって投資家は売買しやすくなるが、そのために短期取引が増えてリターンを損ねると、彼は信じていた。

ソーターは数学と経済学をダートマス大学で専攻し、1987年の株価大暴落を経験していたので、1997年のアジア通貨危機や、それに続くロシア危機にもうまく対応した。そこで今回のETF問題についても、計量的手法で解決しようとした。まず、インデックスファンドとETFは、基本的にインデックス運用だという共通点がある。違いは、投資目的と投資判断のプロセスにある。インデックスファンドは長期投資で、短期の価格変動に関心はない。ETFでも何年も保有されるかもしれない。しかし、いつでも売却できる。

これまでバンガードは、他社と違って証券会社やアドバイザーに販売促進費の支払いを拒否してきた。彼らの支援は当然期待できない。しかし、ETFは異なり、取引所で売買されるたびに手数料が発生する。既存の販売網からETFのシェアを奪うチャンスだ。

ETFを利用しない手はない、とソーターは考えた。それに、インデックスファンド投資へのきっかけにもなる。ETFの投資家は、インデックス投資の長所と売買のしやすさの両方の利点を得られる。しかし、ソーターは、マイナス面はないかと9カ月間探した。同僚にも、ETFの計量的投資の懸念事項を尋ねた。法務部門とも協議した。営業部門とは、投資アドバイザーやその他証券会社などのニーズに本当に応えられるか議論した。彼らはバンガードをサポートしてくれるだろうか？　理由は？　需要は十分あるか？　想定し得る限りの問題点を挙げ、ソーターは、ETFを提供してみるべきだ、との結論に至った。そして、ブレナンに提案した。

ブレナンの反応は、初めは懐疑的なものだった。しかし、その翌日ソーターに、これは悪くない、と許可を出した。実際には、ブレナンはワクワクしていた。そして、「ガス、すぐに取締役会に提案しよう」と言った。

取締役会はすぐにETFの提供に取り掛かることを認めたが、それから時間がかかった。まず、この商品の許可をSECに申請した。当時、他社のETFは最初からETFとして売り出されたものだったが、このバンガードの最初のETFは、既存の投資信託を事後的に上場する設定だった。監督官庁のSECはこれまでも複雑な新商品には慎重に対応してきた。ETFも投資信託である以上、それまでの株式投信の投資家にどんな影響を及ぼすのかわからない。ETFが加わることで市場や監督官庁に問題が起こるかもしれない。SECは認可も却下もせず、時間を稼いだ。実際に許可が下りたのは丸2年後だった。

ソーターはETFに関する6つの特許を取り、2001年、バンガードはETFを始めた。既存のインデックスファンドの一部を上場する形でETFを始めたので、大型ファンドの規模の利益が得られ、経費率はわずか0・15パーセントだった。これは、ETF業界首位のバークレイズ・グローバル・インベスターズの0・35パーセントの半分以下だ。さまざまな種類のETFが作られ、2007年3月時点で32本に増えた。従来の投資信託の購入・解約は一日の終わりに行われたが、ETFはいつでも売買できる。株価の急騰時にも急落時にも、一日の終わりまで待たなくても売買できる。このことから、ボーグルと同じように、ETFを投機だと思う人も多い。このボーグルの考え方は、S&P500をベンチマークとして最初に作られたETF、SPDR500の膨大な売買量から来たものだった。

ボーグルは、ETFの売買量の多さは個人投資家が頻繁に取引を行っているからだ、と思っていたが、実際には機関投資家によるもので、特にヘッジファンドがポートフォリオのリスクを相殺しようと、頻繁にETFを売買した。

短期取引が必ずしも投機であるとは限らない。売った1秒後に買い戻すのは投機ではない。1秒後の投機は誰も行わない。通常、長期投資を行っている投資家でも、投資以外の理由で短期売買をすることがある。例えば、年金基金や財団基金が運用機関を変更する時に、新しい運用機関を決めるまでの1～3カ月間、資金をどこに置いておくだろうか。ETFはその受け皿となりうる。

さらに、ファイナンシャルアドバイザー（FA）が顧客のために売買することもある。

2000年代の初め、FAを含む市場関係者の間で、アクティブ運用のETFへの関心が高まった。アドバイザーの本音がソーターにはよくわからなかった。2003年にバンガードはシカゴでアドバイザーの会議を開催した。その前夜、バンガードは有力なアドバイザーたちとディナーを催し、ソーターは5人の投資アドバイザーと卓を囲み、話は盛り上がった。「インデックスETFの人気は理解できるが、なぜアクティブETFが必要なのか。アクティブETFで超過収益を得られるとは誰も思っていないのに」

その答えは全員同じだった。超過収益のためではなく、運用記録管理のためETFが必要だという。彼らは証券会社のシステムを利用しており、ETFは株式と同じように使える。11時3分に注文を入れると、11時4分にはもう記録される。アドバイザーは、いくらで何株買ったかがすぐにわかるのだ。これまでの投資信託ではこうはいかない。昼間に注文を入れてもその日の市場が閉まってからでないと実行されない。市場が引けてから投信会社はファンドの価格を計算し、売買を実行する。どれだけの量をいくらで買ったかをアドバイザーとその顧客が正確に知るのは、午後5時か5時30分になる。このため、管理のしやすさからETFが好まれた。

当初からアドバイザーや証券会社は、ETFは素晴らしい新商品だと評価していたが、ソーターは、彼の問いに対するアドバイザーの答えから、ETFは新商品ではなく、**従来あるインデックスファンドの新しい販売経路だ**、と確信した。

ETFを提供する前、バンガードはアドバイザーとの取引は多くなかったが、この新たな販売経路によってアドバイザーとの関係が開かれ、今や2・4兆ドル以上の取引規模に育っている。

III

組織作り

第10章 トップ交代

ジャック・ボーグルとジャック・ブレナンは長年、社外と社内、CEOとCOOという分担で、よいコンビだった。2人は、顧客に誠実に低コストで堅実な投資と質の高いサービスを提供するのがバンガードの使命だと信じ、初めの15年間は2人の関係はとてもうまくいっていた。共に倹約家で、シンプルなオフィスで執務し、高級車には乗らず、既製品のスーツを着ていた。

両者は、長時間働き、数字に強いという点で共通し、各々の得意分野や関心が異なることでは補完し合い、バンガードを2人で大きく発展させることができると思った。

ブレナンは当初ボーグルのアシスタントとして働いたが、ブレナンは仕事に十分満足し、経営手腕を認められ、そして、バンガードで働くことの将来性は大きいと思った。ボーグルの期待する水準は高いぞ、とブレナンに忠告する人もいたが、彼は多くを学ぶチャンスだととらえた。

当時のブレナンは、言葉にできないほどボーグルを尊敬し、彼の意見に従うことをいとわなかった。そして、異例の速さで昇格した。

1990年代、ボーグルは、初期費用がかさむとしてテクノロジー投資に消極的だったが、当時社長だったブレナンは大胆に投資した。ボーグルもコンピューターの事務処理への使用には反対しなかった。ブレナンは粛々とコンピューターを導入し、特に顧客サービス部門の人件費削減と効率向上を目指した。投資サービスの多くは毎日同じことの繰り返しなので、IT化すれば、生産性は向上する。ライバル会社のフィデリティやティー・ロウ・プライスではIT化が進んでいたため、バンガードも追い付かねばならなかった。

長い時間を共に過ごし、2人のジャックの間の権限移行はスムーズに行われるものと思われたが、そうはいかなかった。何年も前、取締役会はジム・リープに、将来のCEOとして辞めないようにと頼んだことがあった。しかし、ボーグルを知るリープは自分の将来を考え、辞めるべきだと考えた。

ブレナンとボーグルのリーダーシップの考え方は基本的に異なるが、当初、この相違は問題にならなかった。ボーグルは、バンガードの取締役会を自分の取締役会だと思っていた。

ブレナンはいつも現実的で、バンガードの発展が何より重要だった。彼はラクロス、アイスホッケー、サッカーのチームで今もプレーするが、CEOになることにはほとんど関心がなく、チームの勝利を重視していた。ブレナンは謙虚で、**「有名にならなくていい」**と言っていた。

こうした個性の違いが、時と共にはっきりし、お互いになかなか受け入れられなくなった。しかし、ブレナンはボーグルに深い尊敬の念を抱いていたので、すぐに決裂することはなく、関係性を長期的に考えようとした。バンガードの70歳定年規程は何年も前にボーグルとリープが定め、ボーグルの健康状態も徐々に悪化していた。

ボーグルは昔ながらの創業者だった。やる気に満ち、創造的で、決断力があり、頑固で、自分以外の人間の能力はあまり評価せず、しかし、他者の優れたアイデアは積極的に取り入れ、そして、すべて自分で決めた。

ブレナンは1985年に最高財務責任者（CFO）になり、1年後に取締役副社長に昇進し、そして、1989年に34歳で社長になった。ボーグルはブレナンに、講演を増やし、主要顧客と会い、取締役会で重要な方針について議論をするように勧めた。一方、ブレナンはバンガードの各部門に優秀な責任者が必要だと痛感し、人材を探し始めた。

ブレナンは、しっかりとしたチームを作り、システムとプロセスを重視する強力な組織にしたいと思い、社員の能力向上に注力した。また、現実的な目標設定と公正な評価をしたので、管理職は皆、自信を持つことができた。将来性のある幹部社員は、バンガード全体を理解するために、人事異動により多くの職務を経験した。こうしたジェネラリスト的なキャリア形成は、アメリカの企業では例外的だ。

1992年、ボーグルはバンガードが業界のテクノロジーリーダーになるよう努めると宣言し、ブレナンは、「機関投資家部門の責任者が職責を果たすためのテクノロジー能力を欠いてクビになるとすれば、それは本人の責任の問題であって、テクノロジー部門の責任者の責任ではない」と言った。

一方でブレナンは、バンガードはいくつかの分野で伸び悩んでいると思った。ETFにおいては、ステート・ストリートなどが伸びていた。インデックス運用は競争が激化しているので、バンガードはさらに革新的な投資をする必要がある。成長性の高い法人向けビジネスでは401kが急増しているが、ここでのシェアは他社に奪われていて、効果的なビジネス戦略が必要だった。

ジム・ゲートリーと401kの3つの柱

こうした問題解決のため、プルデンシャルの年金部門のジム・ゲートリーがブレナンに誘われて1989年に入社した。バンガードの主眼は個人投資家で、機関投資家は売り込みに行くものではなく、「向こうから来るもの」だった。機関投資家市場が急速に拡大していたが、バンガードには目標も、商品戦略も、ターゲット市場も、何を売りたいかも、価格戦略も、リーダーシップも、経営方針も、何もなかった。この部門の営業担当者にすべて任されていた。手数料の額やサービスの内容は決まっていたが、実際には営業担当者が勝手に決めていた。彼らは新規顧客獲得とそれによる自分のボーナス増額にしか関心がなかった。

営業担当者は会社のためではなく、自分自身のために仕事をしていた。どんな契約でも個人間で争うようにまとめた。そしてボーナスを得た。ゲートリーは、「どの口座やどの分野が利益を上げ、どこが損を出しているかを誰もわかっていなかった」と振り返る。

ブレナンは「この部署は重要なので、機関投資家部門を個人投資家部門から独立させる必要がある。コンサルタントによると、401k退職プランは今後大きく発展する」とゲートリーに言った。従来の「確定給付型」の年金は企業から快く思われていなかった。というのも、プランへの規制強化と保証機関への拠出負担、市場変動による業績への影響、煩雑な会計基準などで企業は困っていたからだ。さらに、5年以内に退職すると1ドルも受け取れないので、従業員にも人気がなかった。インフレ対応にもなっていない。1970年代に深刻なインフレがあったため、労働者はそれを懸念した。

401kは今後急速な発展を見込め、その上、フィデリティ、ティー・ロウ・プライス、バンガードの3社しか大手は参加していなかった。フィデリティはバンガードよりはるかに巨大で、明確な戦略があり、販売に強く、急速に伸びていた。バンガードは後れを取り、混乱していた。

ゲートリーが興味を持って、「ジャック、何をすればいい」と尋ねると、ブレナンはにっこり笑ってこう言った。「そうだね。まず、何をするかは君が決める。そして、それを実行する」。それで、ゲートリーは引き受けることにした。

ゲートリーが引き継ぐ仕事は、経費率がとても高く、特別の戦略もなく、伸び悩んでいた。変革が必要だと考え、営業担当者15人のうちの3人だけを残し、残りはメンバーを替えることとした。

その穴は、バンガードの顧客サービス部門と管理部門からの異動で埋めた。彼らはバンガード本来の企業文化とチームワークを知っていた。バンガード内での異動を希望した人は、ゲートリーのチームの将来性を見込んだのだ。新しい営業担当者は的を絞った新規開拓を始めた。ゲートリーは冷静な楽観主義、すなわち、**さまざまな困難の中で「やれることをすべてやってみる」ことを学んだ。**

そして、ブレナンは他部門の優秀な社員に、ゲートリーに協力するように言った。一方、ゲートリーのチームは、以下のような401kを発展させるための「3つの柱」を作った。

●バンガードの強みである手数料の低さを生かす。
●管理部門と法務部門の委員会が定めたチェックリストに従い、見込み客を厳しく選別する。ゲートリーは、「顧客に適切なポートフォリオを作成し、継続に努める。そのために、新しい営業担当者に特別講習を実施した」。
●営業担当者は企業への売り込み時に、401kプランの重要性をよく理解するための講習を受ける。セールス成功のためにアプローチする相手は、財務責任者または年金責任者と、人事責任者の2人だ。多くの場合、特に大企業において、こうした幹部は互いをよく知らず、いがみ合っている場合もあるので、攻略するにはきめ細かさが必要だ。

ゲートリーのチームは、フィラデルフィア近郊の本社近くで業務を開始した。セールスとサービス部門の拡大に伴い、営業範囲は全米へと展開したからだ。ゲートリーは、こう述べる。「競争が激化したが、我々にはインデックスファンドとネフのウィンザー・ファンドという大きな売り物があった。後になって、成長株運用のプライムキャップ社や当時革新的なバッテリーマーチ社のものがあった。一方、フィデリティにもピーター・リンチのマゼラン・ファンドがあった。フィデリティは管理費用を高額の手数料で相殺できたが、我々はすでに原価でやっているので同様の戦略をとることは不可能だった。そこで、我々も組織を合理化すると、フィデリティに負けなくなった」

ゲートリーが営業担当者にいつも言っていたのは、**「相手の担当者が上司からほめられるようにしろ」**ということだった。

それから何年か経ち、ゲートリーは401kの責任者となり、ビル・マクナブが渉外エグゼクティブと月1回の会合をすることになり、それぞれの渉外エグゼクティブは現場で見聞きしたことについて、10分間、「重要な」報告をした。経営陣が現場を理解することで、前線の営業担当者は自分の仕事が重要だと認識できた。

1994年、ジャック・ブレナンはゲートリーに個人投資家部門に異動するよう伝えた。ゲートリーは、「私はまず『ジャック、びっくりだよ。どうして異動するのかよくわからない。ずっと機関投資家部門にいたから、個人部門のことは全く知らない』と言った。しかし数日後、自分を評価する上司が言うなら、真剣に考えるべきだと思った」と語る。**ブレナンは、幹部の異動は、マンネリ化を避け、やる気を出させ、「全社的」視点を持たせ、そして、異動した部門にも新風を吹き込むと考えた。**そして、ゲートリーは個人部門のリーダーとなり、成功した。「1年くらい経って、異動の話の時にジャック（ブレナン）が言っていたように、個人投資家部門が好きになった。大口投資家には、低い手数料のさらなる引き下げを行った。加えて、個人投資家をいくつかにグループ分けし、個人退職口座（ＩＲＡ）の専門家、４０３ｂ退職プラン〔米国の非営利団体職員など向け確定拠出年金〕の専門家というように、分野ごとに専門家を配置した」

ボーグルからブレナンへの世代交代はスムーズにはいかず、何年もかかった。ブレナンは地位にこだわらなかったので、もめることはなかった。共にバンガードを最高の会社にしたいと思っていたからだ。しかし、ボーグルはワンマン経営者で、ブレナンは権限委譲型経営者だった。

トップの権限移行はうまくいかないことが多い。経営スタイル、戦略、個性があまり違わない人物への移行であっても、前任者がパワーを失うことを受け入れるのは容易ではない。

ブレナンは、最高の成果を上げる上級幹部のチームを育てる特異な才能があった。最高法務責任者だったヘイディ・スタムは、「我々は論議を重ね、結論が出ればみんなで協力した。バンガードの発展のために、人員を融通し合い、部署の予算を譲り合い、全員がチームプレーヤーだった。ジャックはそういう人を幹部にしたから」と語る。

ブレナンがＩＴに強く、組織をまとめ、将来のリーダーとなるべき人材を見つけ、会社を新しい方向へと導いたことで、業績も向上した。

取締役会もブレナンのＣＥＯ就任に全く異存はなかった。

ボーグルは１９９６年１月31日にＣＥＯを辞め、取締役会が認めるなら、上級会長《シニアチェアマン》になると発表した。

ボーグルの体調不安

ボーグルの心臓病は悪化していた。手足はむくみ、歩くのも息をするのも困難で、心臓移植がすぐに必要だった。状態悪化のため、移植の待機リストの順番を早めてもらった。

1995年10月18日にボーグルは入院し、コンピューター、電話やファイルを持ち込んだ病室はオフィスのようだった。記事や手紙、メモを書き、社員や顧客や報道関係の友人に頻繁に電話もした。ブレナンは週に2、3回はお見舞いに訪れ、クリスマスイブには妻と子供とともにボーグルを励ました。

ボーグルは4カ月の間移植を待ち、手術後は2カ月ほど回復に要したが、その間ブレナンは、IT化に注力した。組織全体の機能を見直し、職制や人事配置を全面的に改革し、競争力を失った業務体制の革新を実行した。業務量増加への組織的対応と生産性拡大が進んだ。

この間、ボーグルは病院であたかも上院議員、大企業経営者、映画俳優や、病院への多額の寄付者のように、丁重にもてなされた。そして、1996年2月21日、ついに手術の日が来た。看護師が来て、「ボーグルさん、ようやくこの日が来ましたね。ことわざでも、待てば海路の日和あり、っていうとおりですね」と声をかけた。

「そうだね。でも違うんだよ」と、ボーグル。

「というと?」

「確かに個人的にはそう思う。128日間も入院していて、移植が間に合うかわからないで過ごし、やっと今日その日が来て、新しい心臓がもらえる。しかし、ただ我慢していたわけではない。忍耐の問題ではない。どのくらい自らの願うところに対して努力してきたかということだ。熱意を持ち、どうすれば成し遂げられるかを見定め、そして目標に向かってとにかく努力したんだ」

移植手術は大成功だった。28歳の若者の心臓をもらったことは幸運であり、それとボーグルのやる気と決意で、術後の回復は驚異的に速かった。わずか9日後に退院し、その6週間後にオフィスに戻った。彼は日に日に元気になっていった。5月8日の67歳の誕生日に、インデックスの利点についてのスピーチで熱弁を振るった。その数日後、スカッシュコートでボールを打っていた。友人たちは驚き、「彼が、またスカッシュをするなんて思いもしなかった。もし、こんなに元気になるとわかっていたら、CEOを辞めていなかったと思う」と当時のことを語った。

ブレナンの人材育成

14年間ボーグルのもとで働いたブレナンは、会社を率いる意欲をなくしているかもしれない、と思う取締役もいた。だが、押さえ込まれていたバネのように、ブレナンはこれまで以上に目的達成に向けてエネルギーとやる気に満ちていた。取締役たちは、CEO交代について議論を重ねるうちに、ブレナンがこれまで多くの戦略的決定をし、実質的にCEOの職責を果たしてきたことを理解した。

ボーグルは対外的にバンガードとその経営理念について話し、ブレナンはCOOとして社内で会社の発展に決定的な役割を果たしていた。ブレナンはパートナーシップ・プランの必要性を痛感し、以前勤めていた会社の手法をバンガードで採用した（第6章参照）。低迷していた機関投資家部門の立て直しのために、ゲートリーを採用した。この戦略は成功し、ゲートリーは問題点を把握し、解決し、事業として大成功を収めた。ブレナンは、すべてに自分が目を届かせて指揮を執るのではなく、「これは」という人を見つけて任せるタイプのリーダーだった。

ゲートリーやマクナブのような若くてやる気があり、才能に満ちたチームリーダーをブレナンは支援した。そうすれば、チームリーダーたちは多くの社員と共に課題を見つけ、解決できる。特に優秀な社員はいくつかの部署を経験することで、異なる技能を身に付け、職務にとらわれず長期的な観点を持ち、また、いかに各部門が関連し影響し合っているかを学び、バンガードを全体的な視点で捉えることができるようになる。

「ブレナンは、異なる力量や経験を持ち、チャンスでも問題があっても重要課題に対応できる多様な人材を求めた」とマネージングディレクターのマイケル〔マイク〕・ミラーは語る。「本当の意味で人材の多様化が真のダイバーシティーであり、集団的思考を避けることができ、独創的アイデアが生まれる。幹部一人ひとりが異なる意見を持ち、経歴も経験も違う。だからこそ雇われ、ここで働いているとわかっていた。だから、他人と異なる考えをみんなの前で発表しようとし、しかし、いったん結論が出ればジャック（ブレナン）は、全員がその成功のために１００パーセント協力するのは当然だと考えていた。ジャックが問題解決の方法としてシックスシグマ〔統計分析などを用いた品質管理方法〕を導入した時も、それをそのまま使わなかった。ＧＥの方法をバンガードに合ったやり方に変え、成功させた」

ブレナンは将来のリーダーとなる幹部社員を見いだし、育てることに自信を持っていた。ブレナン自身がバンガード入社以来、同じ経験をしてきたからだ。彼が参加した最初の社外施設での幹部会議で、ボーグルはブレナンに注目した。会議後、ボーグルはブレナンに、「君が何をしていたか知っているよ。みんなを評価していたね。君の書いた人物評を見せてもらえないかな」と言った。

ブレナンは常に社員のよいところを見つけようとしたが、ミスも見逃さなかった。社員と職務に関するメモを取り、社員一人ひとりに関心を払っていた。ガス・ソーター、マイク・ミラー、ヘイディ・スタム、ロバート・ディステファーノ、グレン・リード、ジム・ゲートリー、ティム・バックリー、ビル・マクナブのような将来性のある幹部を求めていた。採用時に、どうすれば新しい幹部が会社で活躍できるかを常に考えていた。彼女がどのように会社に貢献するか？　彼は会社から何を学ぶか？　新しい任務から得た経験を今後バンガードでどのように生かせるか？

人事配置における失敗はほとんどなかったが、そうなった場合の痛手は大きい。「3年間、職務を経験してもらった後、改めて検討すると、その人が全く不適任だとわかった時は、本当にがっかりだ」とブレナンは、眉を上げて言った。「他人の頭脳を鍛えることも性格を変えることも無理なんだ」

誰かが昇進すると、当然だが、少なくとも何人かは「どうして自分ではないのか」と思う。そのため、**その役職に最適の候補者を考えるだけでなく、選ばない候補者について、「選ばない」理由と、いつそれを本人に伝えるかを前もって考えておく必要があった。全員が会社にとって大切な社員だからだ。**

ブレナンは毎年、直接の部下ではない社員たちと、上下関係の壁を越えた200回ほどの会合を社内のキッチンの傍らにある静かなランチテーブルで行った（実のところ、この会合は彼にとって、スケジュールの最優先事項だった）。参加者の発言は他言しないことを約束していた。ブレナンはどんな社員に対しても分け隔てなく接した。最初は、自分が何かしでかしたのかとおじけづく社員もいたが、ブレナンは控えめな様子で、彼らの話に大きな関心を寄せていたので、みんなすぐに落ち着いて口を開くようになった。これは社員全体にとって、そして会社にとって、大切なことだった。ブレナンは、「上級幹部は第一線で活躍する部下に自分のやり方を押し付け、現場にいる社員の持つ情報や考えを知ろうとしない。しかし、知る必要がある。一方、現場の社員も、上級幹部が現場について何を理解していないか、何を正当に評価していないかを知りたがる」と、観察していた。

規制の厳しい業界で仕事をするブレナンは、政府の規制当局幹部とも知り合うように努めた。バンガードに彼らを招き、彼らが業界やバンガードをどのように考え、目の前や今後の課題についてどのようにとらえているのかを知ろうとした。この会合は、当局にとっても得るものは大きかった。

個人商店から大企業へとめざましい発展を遂げるために、協力的な社内風土を育んだこうした日々の取り組みがいかに重要であるか、読者の皆様にはご理解いただけるだろう。こうして、バンガードは投資業界のリーダーとして、何千万人もの投資家のために毎日働いている。今日、バンガードの個人資産額は、同社に続く業界2位から4位までの3社の合計を上回っている。

その結果、他社はバンガードと同じようなサービスを提供せざるを得なくなった。すなわち、低手数料と投資家へのさらなるアドバイスだ。ブレナンは、「当時業界で一般的だった従来型の売買中心の投資手法とは異なり、長期的視野に立つ投資こそが投資成功のカギだ。バンガードは、投資家が個別アドバイスを中心としたサービスを求めるようになったまさにその時に、こうした転換を推し進めた」と語る。

来たる「定年」のとき

1999年、ボーグルは70歳、バンガードの定める定年退職年齢となった。何年も前に彼とリープが定年に関する規則を定めたが、創業者である自分に適用されるとは考えもしなかった。ボーグルにその話をすれば怒り出すと考えた取締役会は、上級会長として1年延長する提案をした。ボーグルは、そういうことはただのジェスチャーにすぎないとして拒絶した。

ボーグルは、フィラデルフィア・インクワイアラー紙の記事を見て、怒りを抑えられなかった。記事には、「この3年間のバンガードの好成績は、ブレナンによるものだ」と、書いてあったからだ。ボーグルは「市場は上げ相場だった。それと、バンガードが近年うまくいっているのは、インデックスファンドと私の選んだスタッフと会社の組織全体のおかげだ。これらはすべて私がやったことだ。他の誰かの功績というのはあり得ず、信じがたい」と、彼らしい反応を示した。

投資家の中には取締役会で真剣な議論がなされたとは知らず、投資調査会社モーニングスターの後援で行われたバンガード投資家フォーラムでは、「バンガードは投資信託会社なので、こうした重要案件はバンガードのファンドに投資している人々による投票で決めるべきだ」と発言する人もいた。ある投資家は反対意見として、「聖人と暮らすことがいかに困難であっても、経営陣は、創設者を殉教者にしてはならない。あってはならないことだ。欺瞞と中傷に満ち満ちたこの世の中で、彼は高潔さと誠実さのシンボルだ」と述べた。

「バンガードへ一言。皆さんには心がないのですか?」と、ザ・ストリート・ドットコム社の共同創設者のジム・クレーマーは投資専門ウェブサイトに書き込んだ。「あなた方はボーグル氏を単なる老人として取締役会から追い出してはならない。彼は、投資信託の過大な手数料に反対してきた唯一の人物だ。インデックスファンド以上に価値のある投資信託はない」

多くのオンライン上のコメントは、ボーグルにとどまってほしいというものだったが、そうでないものももちろんあった。「年老いたけんか好きのボーグル氏が表舞台から消えるのを見たくはないが、それによってバンガードが困るとは思えない」。これは、ニックネーム「モハック」なる人物がモーニングスターのサイトに投稿した意見だ。「ボーグルがバンガードのすべてではない。ブレナン氏は、急速に変化する業界においてリーダーシップを発揮し、会社を適切な方向に導いていると思う」

ボーグルは、以前の地位に戻り、リーダーシップを取り戻そうと考えていた。バンガードは、彼にとってはいつも「私の会社」だった。しかしこの間、ブレナンは強いリーダーシップを発揮し、CEOとしての地位を固めた。テクノロジー分野でも他社に追い付いていた。コンピューターへの投資を進めたこと(そして広告費も少し増やしたことも)を後になってボーグルは知り、「私の会社がとんでもないことになってしまう!」と、反対を表明した。しかし、取締役会はこれに同意しなかった。リーダーの交代は予想以上に成功した。取締役たちは、ブレナンがCEOとして十分に手腕を発揮していることに安堵していた。彼を交代させる必要はない。特に、ボーグルが、自分で決めた退職年齢70歳近くになっているのであれば、なおさらだ。だがボーグルは、バンガードの創業者として例外となっていいはずだし、例外にすべきであると、これを認めなかった。しかし取締役たちは意見を変えなかった。

テレビレポーターに「ブレナン氏が後継者でよかったか」と尋ねられ、ボーグルは、「よかったか？　そんなことはない。彼がその責務を果たせるか、まだわからない」と答えた。ブレナンは唖然として、ボーグルに直接、ひるまずに言いに行った。「これまでずっとあなたのために働いてきた。なのに、私がCEOとしてやっていけるかどうか疑うような発言を、公にするんですか。私を信頼できないのですか」。こうして、2人の信頼関係はなくなってしまった。

事情通は、当時も今も全員が、ボーグルなしにはバンガードは存在せず、その後の発展もなかったと口をそろえる。ボーグルは、投資家の長期的成功に的を絞り、誠実さをモットーに、低コストで手数料の安い投資会社バンガードを創業した。意志とやり抜く力、人の心を動かす説得力、巧みに法律を操り、運も引き寄せ、彼は不可能と思われた新しい形態の投資会社をバンガードとして船出させた。ボーグルの親しい友人で長くバンガードの取締役だったバートン・マルキールは、「ボーグルの確固たる決意とやる気、創造性なしには、まずバンガードを思い付かず、設立もなく、初期の成功もなかった。そして、ブレナンがCEOを引き継がなければ、今日のバンガードの成功はあり得なかった」と、述べる。

取締役たちはボーグルが好きだったので、どうすれば彼が気持ちよく退任できるかを慎重に考えた。しかし、彼から辞任の同意を得るには想像以上の時間を費やした。とうとうボーグルは、取締役がこれ以上譲歩する可能性はなく、このまま退任を受け入れるか、あるいは受け入れないと彼自身が窮地に追い込まれると悟った。バンガードは、ボーグルに3人のスタッフ、十分な経費、本社にオフィス、コンピューターと膨大なデータベースへのアクセス権、そして運転手付きの自動車を提供する提案をした。そして例外的に、莫大な退任一時金も支払うと伝えた。ボーグルはこれを受け入れた。

この一連の決着を見たブレナンは、後継問題は長く尾を引きそうだと思った。

これまでのバンガードの歴史を長期的に考えると、ブレナンもボーグルも共に「勝者」と言える。ボーグルは社会的評価と名声を求め続け、彼の大きな功績はこれからも忘れ去られることはない。彼のこうした強い熱望は次章に見られるように、期待以上に実現した。

一方、ブレナンは世の中の評価には無関心だった。そして、着実に、バンガードを効果的で、自立した、絶えず新しいことに挑戦する大きな組織へと変革させた。彼は在任中に、会社の規模を10倍に拡大させた。

第11章 ボーグルの遺したもの

1999年、ボーグルは上級会長用のオフィスから同じビルの2階にある続き部屋のオフィスへと移ったが、3人のスタッフが付き、バンガードのコンピューターは使い放題で、豊富なデータにもすべてアクセスでき、運転手付きの車まであった。もちろん彼は一文も払わなくていい。そして、ボーグルには何年もかかって作り上げた編集者やレポーターとの素晴らしいネットワークもあった。

ボーグルは、卓越した創造性、チャーミングさ、数字に対する抜群の強さ、長年の実績、信念の強さなどで、尊敬されていた。子供の時からの恵まれない境遇に耐え、そして高校や大学での成功へと運命を切り開いた力は見事というしかない。長期にわたる心臓病に耐え抜き、投資信託業界草分けの会社を最高峰にまで育て上げ、合併を通じて変革を試みた会社から退任を迫られるという事態を乗り越え、最後には、ほとんどゼロから作り上げた会社から不愉快な退任を経験させられた。そして退任後もボーグル・フィナンシャルマーケット・リサーチセンターの名前の下に、率直な情報を発信し、名声を磨いた。

将来について語る時、彼は宗教家のように、「私は伝道師だと言っても間違いではないだろう。根拠が明快であれば、私は全力を尽くす」と語っていた。彼の信奉者の1人は、「聖人のようだ」と語った。

投資家から見た彼の魅力は、「私は単なるバカだった」「誰でもするようなミスを私もしないわけがないでしょう」といった具合に、愛嬌のある彼一流の謙遜にあった。しかし、彼は子供の頃の苦労は決して話さなかった。そして母親を深く敬愛していた。子供の頃について尋ねたレポーターは、ボーグルが心の傷をいやせないでいると思ったが、そのレポーターは、その時彼が完璧に「台本通り」に話していることには気づかなかった。ボーグルは、自分の話はしたが、内容は毎回同じだった。

彼をよく知る友人は、彼がいつも強い不安を抱え、世の中から忘れ去られることを恐れていると感じた。本を書くことは、自分のことを覚えていてもらう大切な手段だった。だから推敲に推敲を重ねたのだろう。プリンストン大学で同窓のノンフィクション作家で、大学でも教えるジョン・マクフィーに年に2、3度、書き方の指導を受けていた。

多くの支持者が彼の言葉に感銘を受け、それを周りの人に伝えなければ、彼は注目を浴びることもなく、信頼も得られない。ボーグルにはそうした人たちがいた。1998年3月のモーニングスターのオンライン公開討論サイト上で、投稿者たちが「ボーグルヘッズ」という名前の個人投資家グループを立ち上げ、大きく発展した。

かつてパラシュート部隊に所属したこともあり、現在は投資家となったテイラー・ラリモアは、「ジャック・ボーグルとバンガードは、最高の投資手法と他に類を見ない投資サービスを提供した」と投稿した。ボーグルはすぐに、「テイラーの投稿で元気が出た」と直筆の手紙を送り、「同じ志を持つ人との会合を皆さんのご都合のよい場所（リゾート地ではない）で開催することに関心はおありですか」と尋ねた。そして、2000年3月、マイアミ・ヘラルド紙が主催するセミナーでボーグルが講演する機会をとらえ、後にボーグルヘッズとなる人々の初めての会合を、ラリモアとメル・リンダウアーが企画した。22人のメンバーがラリモアのマイアミのアパートでボーグルと夕食を共にした。ラリモアの勧めにより、マイアミ・ヘラルド紙は日曜版のビジネスページにこのイベントの記事を載せた。次の会合は、翌年にフィラデルフィアで行われ、その時のスピーカーはジェイソン・ツワイグだった。当時、マネー誌の上級ライターだったツワイグは、「ボーグルヘッズのお出ましだ」と題する5ページの記事を掲載した。

ボーグルヘッズのウェブサイト bogleheads.org が立ち上げられたのは2007年のことだった。その後2009年までに2万人がメンバーとして登録し、毎日9000人以上が閲覧した。ボーグルヘッズのメンバーたちが直接顔を合わせる機会を増やし、38の地域ごとに定期的に投資について話し合っている。年を追うごとに弾みがつき、マスコミ報道も増えていった。ボーグルが話をする会議には特に多くの人が集まった。

ウェブサイトを通してこのグループは、以下のようなボーグルの投資成功の秘訣を世に広めた。

- まず資産と負債の状況を踏まえた現実的な投資プランを立て、そして、さらに学び続けることで修正していく
- 投資はなるべく若い時に、そして一度にではなく何回にも分けて行い、銀行口座から自動引き落としで積み立てることを勧める
- リスクの取りすぎを避ける
- 市場のタイミングを計らない
- なるべくインデックスファンドで

- コストは低く
- 分散投資を
- 税金は最小限に
- シンプルに
- 相場に左右されず、計画通り実行する

投資経験のある人なら、この原則は基本的なものだとおわかりになるだろう。この原則についての説明はウェブ上の短い動画で見ることができる。そして、誰でもボーグルヘッズの会議で資産管理や投資について質問ができる。

さらに、『ボーグルヘッズの投資ガイド』[1]（*The Bogleheads' Guide to Investing*）において、次のような投資への基本的心構えが要約されている。

- 収入に見合った生活
- 貯蓄を若い時から始める
- コストは低く
- 節税を最大限に考えた投資
- リスクをコントロールするため、リバランスをする

●保険はいざという時の備えであって、投資ではない
●自分の感情を知ろう
●投資プランはできるだけシンプルに
●相場に振り回されず、短期利益を追わない

結論として、「肝心なのはシンプルであること。注意すべき点は、途中で生じる多くの障害が、基本方針となる決意を揺るがすことだ」と説いた。

90歳近くになってもボーグルは、バンガードの続き部屋のオフィスで低コストのインデックスファンドを中心とする賢い長期投資の闘士として、元気に働いていた。そして、その齢になっても「何としても経費を抑えろ」と言っていた。経費削減と同様に、顧客に誠実であることも信念として揺るがなかった。結局、バンガードは、売り込む会社ではなく、顧客ニーズに応える会社で、顧客に役立つべきだといつも言っていた。

ボーグルが2019年の初めに89歳で亡くなった時、多くのビジネス関係者や投資家が集い、彼に感謝するお別れの会が開かれた。ある試算では、ボーグルは個人投資家全体で10億ドルの手数料を節約したという。彼の長期投資成功ルールに従った投資家の利益も合計すれば、彼の功績はこの何倍にもなっているはずだ。

第12章

再びパートナーに

ウエリントンとボーグルとの激しい争いから25年後、バンガードとウエリントンは良好な関係を築き始めた。今日では、両社の関係は多角的に発展し、友好的で双方の利益も拡大した。投資業界で最大規模のバンガードは再びウエリントンの最大のビジネス相手で、ウエリントンにとってもバンガードは最大の取引先となっている。

両者の関係が最悪のタイミングでバンガードは設立され、ボーグルはウエリントンを嫌い、ウエリントンは窮地に追い込まれた。バンガードの取締役会でボーグルは、いつもウエリントンへの手数料引き下げや、他社への乗り換えを提案し、取締役はほとんど異を唱えられなかった。ボーグルは、ウエリントンを踏み台にして何が何でもバンガードを成長させ、一流にすると決意していたのだ（第4章参照）。その関係は完全に切れることはなかったが、利益の上がる仕事をウエリントンから取り上げ続けた。ウエリントンは、バンガードのファンドを運用する多くのチームを抱えていた。

大型買収は、ウエリントンにとって、減少した資産と利益を取り戻すという意味でいいタイミングだった。その起死回生の案件は1976年に突然持ち込まれた。折しもSECは、証券会社が自前の資産運用会社を持つことは利益相反だとし、2年以内に運用子会社を売却するようにとの規制を打ち出した。その結果、証券会社のドナルドソン・ラフキン・アンド・ジェンレット（DLJ）社は、高い利益の上がっている子会社アライアンス・キャピタル・マネジメント社を売却しなければならなくなった。これは、アライアンス社のCEO兼最高投資責任者（CIO）だったピーター・バーミリーにはまたとないチャンスだった。

アライアンス社とその親会社DLJ社の本社はニューヨーク市にあったが、バーミリーは自分のオフィスをボストンに置いていた。彼は、ボストン近郊のマンチェスター・バイ・ザ・シー近くに住み、ニューヨークへの通勤を好んではいなかった。バーミリーにとってこの問題の解決は簡単だった。アライアンス社とウエリントンを合併させ、ボストンを本拠地とするウエリントンの年金部門の立ち上げを主導すればいい。

ドランとバーミリーが中心になり、この交渉をただちに始めた。2人は気が合ったが、バーミリーは議論中、相手に圧力をかけようと長時間沈黙したので、ドランもすぐに対抗した。

互いにメリットのある合併と思われていたが、この交渉は突然中断した。SECが、子会社のアライアンス社が親会社DLJ社へ支払う手数料率についての調査を始めたのだ。SECからの巨額の罰金処分もしくは連邦法違反による訴訟、あるいはその両方になるかもしれない。結果として、大口投資家を失うかもしれない。そうなればビジネスを失い、アライアンス社は赤字に陥りかねない。

結局、SECの調査は立ち消えになり、合併は、当時ウエリントンが直面していた収益問題の解決策として再浮上した。しかし、ウエリントンのパートナーの何人かは、パートナー所有の会社なので、損失が出れば、それはパートナーの個人負担になることを懸念した。主要なパートナーは多額の損失リスクを引き受けられない、と考えた。その場合、DLJ社がウエリントンに補償すべきだ、と主張したが、DLJ社は拒否した。

ウエリントンのパートナーが集まり、合併反対の準備を始めた。ドランはDLJ社のディック・ジェンレットに電話でこれを知らせた。一方、DLJ社ではパートナーの1人がジェンレットに、ウエリントンにDLJ社の「最重要部門」を売りたくないと直訴し、ジェンレットも同意した。これをニューヨーク・タイムズ紙が翌日、合併が行き詰まった、と報道した。こうして、ウエリントンとアライアンス社との合併は最終段階で中止となった。ウエリントンの運用資産と収益に対するボーグルの圧力は続いたが、会社には早急に行える簡単な解決法はなかった。バンガードでも、古くて流行遅れで成績不振のウエリントン・ファンドの償還を投資家から迫られ、資産が減っていた。

ウエリントン、サブアドバイザー事業を収益の柱に

その頃、ボストンのマサチューセッツ工科大学（MIT）の基金はそれまでずっとコロニアル投資信託グループに運用を委託していたが、運用委託先の変更を決定した。多数の候補会社を検討し、MITはウエリントンにも応募するように求めた。この計画は、投資リサーチに強いMITとボストンの有力運用機関のポートフォリオ運用チームを結び付けることにあった。当時、ハーバード大学とイェール大学の基金は、全額をボストンの大手運用機関、ステート・ストリート・リサーチ・アンド・マネジメント社とエンダウメント・マネジメント・アンド・リサーチ社に委託していた。

MITは、候補会社たちを競わせるために、他の2社にも呼びかけた。ウエリントンは、フィデリティが最も強力な相手だと思った。「我々は最終選考まで残った」と、ドランは入念に選抜した小さな自社チームに檄を飛ばした。「しかし、最終選考に入ることが目指すところでは

なく、勝つことが目標だ。それで毎日一人ひとりが、MITの契約獲得を最優先課題とし、勝ち抜くまで毎週月曜日にアイデアを持ち寄り、検討し、最高のプランを作成した。さらに、「ミスは許されず、MITの手法に対して疑問を持つことや質問をすることも許されない。ウエリントンを選んでもらうためには、他と比べて最も説得力がなければならない。考えれば、ボーグルとのいざこざのため、後れを取っている。だからまず、他社に追い付かなくてはならない。そして、勝つ。さもなければ、業界からの敗退になる。それくらい深刻な問題だった」。

このMITのプロジェクトは1年以上かかり、それはウエリントンには有利に働いた。期間が短ければ、競争相手が簡単に勝っていただろう。しかし、時間をかけることでウエリントンの優秀なアナリストによる調査能力をアピールできる。自由闊達に議論する組織運営の強みや、普段は穏やかな話しぶりのドランが、プロ集団の強力なリーダーシップを持っていることを示す十分な時間もあった。1977年、ウエリントンは、1年間、最重要課題としてきたMIT案件に勝利を収めた。

何年か経って、ドランは「困難は乗り切れると思っていた」と話す。当時ドランは希望を捨てなかった。そのカギは、ウエリントンの企業文化だ。MITからの質問で、長期的にどんな会社でありたいかを考えるきっかけが与えられ、この時の認識と議論がその後の競争において極めて役立つことになった。

こうした困難な日々を乗り越え、信じられないくらい順調にビジネスが拡大した。ちょうどその時に、新しい案件が飛び込んできた。まず、OTCファンドの取締役が新しい運用会社を探し、ウエリントンも呼ばれた。OTCのサブアドバイザーとなり、OTCの資産の一部の投資を請け負わないか、というものだった。運用会社がサブアドバイザーになることはこれまでなかったため、SECの認可が必要だった。しばらくの議論の後、問題なしとなった。この新しい仕事は、ウエリントンにとって大きなチャンスだった。

多くの基金もウエリントンに依頼してきた。オハイオ州教職員退職年金基金とは固定手数料の契約が成立し、ハートフォード保険会社が後に続いた。このハートフォード保険は、当初は自ら運用ビジネスを立ち上げたいと考えていたが、それには強力な販売力や顧客サービス、相当額の自己資産と顧客資産が必要となるため、社内に競争力のある運用部門を構築するよりも外部の専門運用機関に委託した方がよいとの結論に達した。そこで、ウエリントンにサブアドバイザーにならないか、と誘った。こうして、画期的な提携関係がすぐに結ばれた。

ウエリントンでは、機能拡充を一段と進め、サブアドバイザーを受ける仕事に活路を見いだした。これは、バンガードによる減少分の埋め合わせにもなる。事実、次の数年間をかけて、ウエリントンは急成長したサブアドバイザー事業を収益の柱に育てた。

ユニークな人材と企業文化

一方、バンガードはアクティブ運用機能を必要とし、その多くを外部の一流運用会社に委託した。ウエリントンは、世界中の機関投資家から受託する世界最大手の運用機関として発展し、多くの投資信託グループからも委託を受ける。

ウエリントンはサブアドバイザーなので、個人投資家に直接にアドバイスはしないが、バンガードを通じて間接的に無数の個人投資家とつながっている。

この両社の提携関係の規模は巨額で、しかも年々拡大している。2021年、ウエリントンはバンガードからの委託を受けて、債券1580億ドルと株式2920億ドル、合計で4500億ドルを運用した。

終わりよければすべてよし。しかし、どのようにして、この2つの会社が、あの厄介で大変な思いをした決別から相互にメリットのあるパートナーシップへと発展したのか。その発端は、個人的な関係にあった。協調性のあるブレナンがバンガードのCEOに就任し、両社のリーダーは、協力こそが双方発展のカギとなると考えた。そして、運もあった。

この提携の主役は、バンガードのブレナンと、ウエリントンのボブ・ドランとダンカン・マクファーランドだった。この3人は、多くの社員を巻き込みながら長期的戦略から日常業務に至るまで、あらゆる場面でリーダーシップを発揮した。ブレナンとドランはこの提携の成功のために、粘り強く物事を進めることを決意し、それぞれの会社の目的と利害関係に加えて、経営陣一人ひとりの目標を理解することが大切だと考えた。

数年前までボーグルのアシスタントで、今やウエリントンの最高幹部のマクファーランドが、バンガードとの複雑な関係にあるウエリントンを代表して、重要な役割を果たした。バンガードでは2、3週間に1度、2、3日間の両社の会議があり、その準備とフォローアップも一緒に行われていた。この会議の目的は、ウエリントンのファンドマネジャーが、バンガードの幹部や取締役にプレゼンテーションをすることだった。バンガードの幹部はファンドの運用担当者を評価する役割を、取締役は外部運用会社の選任や解任という重要な役割を、それぞれ担っていた。マクファーランドは、バンガードから指摘されそうな問題点を見つけ、素早い対策を取る。そうすれば、バンガードとウエリントンは、徹底した、オープンで、目的にかなう対話が行えると考えた。しかし、信頼と理解を確立するには時間がかかるとも彼は思った。

ジャック・ブレナンはCEOとして、バンガードにはいくつかの重要な課題があることを誰よりもよく理解していた。その1つは、投資成績だ。万が一にでもベンチマークを大幅に下回れば致命的だ。運用会社は数多くあるが、バンガードの次の3つの基準をクリアできる会社は滅多にない。(1)優秀な人材を引き付け、引き留める強力なプロフェッショナル・カルチャー、(2)多くの投資カテゴリーにおいて、卓越した投資リターンを上げる高い運用能力、(3)何百万人もの投資家を顧客に持つバンガードのために安い運用手数料を認めること、である。ブレナンは、ウエリントンはこの「戦略的3条件」を満たしているとにらんだ。

長期的に運用機関が好成績を上げ続けることは容易ではない。ウエリントンにはさまざまな運用商品があり、運用の専門家が生涯勤め上げる企業文化もある。ブレナンは、両社にとってメリットのある提携関係の構築を最優先課題に置いた。

ドランはプロフェッショナル文化を発展させ、それを堅持する才能に長けていた。それが、熟練した投資のプロをウエリントンに引き付けた。高度に専門的な業務において大切なことは同じだと、ドランは考えていた。それは、企業文化だ。優秀な人材は、どの分野においても特別な才能を持つ。彼らは専門性を磨く上で、同じように優秀な人と切磋琢磨することが大切だ。ドランは、アンドバー・フットボールチームのフルバックをしている時にチームプレーを学び、イェール大学のアカペラコーラスグループのウィッフェンプーフスでいろいろな人の才能を組み合わせることや、規律、ユーモアのセンスを学んだのだろう。

高度にプロフェッショナルな企業には、共有された価値観と行動原理、チームプレーといった企業文化がある。それは、相互理解のための行動基準を伴う。優れた企業では、最高のパフォーマンスが価値基準の中心にあり、当然各社員にも最高の仕事を求め、社員は最高の仕事を自らに課し、同僚にもそれを求める。服装規定や早朝・深夜の働き方、ランチを食べる場所、互いの結婚式や葬儀へ出席するか否か、といったものを見れば企業文化がよくわかる。優れた企業では、経営陣は和気あいあいとし、顧客へも丁寧に対応する。

企業文化には共通するものもあるが、一方、ウエリントンの有名なモーニング・ミーティングのようにユニークなものもある。これはＴＤＰ＆Ｌ社と呼ばれた頃から半世紀以上引き継がれている。このミーティングは、証券取引所が開く前に、常に定刻に始まり定刻に終わり、全員が情報を共有し、社内のアナリストとポートフォリオマネジャーのコメント、投資情報やアイデアについて簡潔に意見交換する場だ。それぞれのプロとしての重要な知見を共有し、投資アイデアを得ることは、ウエリントンとの合併以前からソーンダイクとドラン、ペイン、ルイスが行っていたパートナーシップの根幹だった。ボーグルの頑固な信念によって一時中断したが、ドランをはじめとする「企業文化の継承者」によって復活した。

TDP&L社には「組織運営上の」原則があった。すなわち、遠隔地のオフィスはいらない、というものだ。しかし、パートナーのフィル・グインがアトランタにオフィスを作りたいと主張すると、会社は同意し、モーニング・ミーティングが継続できるように革新的技術を用いた通信ネットワークを設置し、遠隔地から参加が可能となった。後に、ジョン・ネフは、フィラデルフィア郊外のバレーフォージから参加した。1990年代、ウエリントンが世界へと発展するにつれて、ロンドン、シンガポール、シドニー、東京、香港、北京にもオフィスを開設した。

企業や業界に関して専門知識を持つジョン・ネフは、モーニング・ミーティングは時間の無駄と考え、参加しないことに決めた。ドランはネフのもとを訪れ、ゆっくりとネフの希望を聞いた。「ネフ、みんな君が素晴らしい専門家で創造的な投資家だってわかっている。君が積極的にモーニング・ミーティングに参加してくれたら、我々にとって学ぶことが多いことを理解してもらいたい。ジョン、我々のために参加してもらえないか」。ネフは、「わかった、ボブ。出るよ」と言わざるを得なかった。

ウエリントンの企業文化は、他にも多くの個々の社員の事情に合わせて対応がなされてきたことにもある。ヘーゼル・サンガーは最初の子供を出産した1年後の1977年に、TDL&P社にマネジャーとして入社したが、家計が苦しく、社員向け利益分配制度の彼女の口座から少し借りたいと申し入れたところ、ソーンダイクは彼女に、「そのお金は貸せない」と言った。サンガーは落胆したが、すぐに次の言葉でほっとした。「でも、あなたの年度末ボーナスの予想金額の範囲内で希望額を貸し付ける」

ベテランアナリストのビル・ヒックスがドイツ語を学びたいと言うと、希望者を募り、講師が派遣された。

パートナーのジョン・グーチが長期にわたって病気にかかっていた時、彼はドランのもとに行き、「ボブ、辞めなくちゃいけないよね?」と尋ねた。ドランは首を横に振り、個人的に業務をフォローするために、ドランと同じ部屋で少なくとも数週間、共に仕事をしようと申し出た。

ジュリアン・ロバートソンは、ニューヨーク市のヘッジファンド会社を急成長させ、名をはせていたが、ウエリントンの若いポートフォリオマネジャーを高給で誘い、条件をどんどん引き上げた。ドランはそのマネジャーに、その条件のどこがそんなに魅力的なのか、と尋ねた。

「お金の問題ではなく、もっと肝心なことです。ヘッジファンドをやりたい」

「わかった。いいだろう。ここでやったらどうだ」

「本当に？」

「我々に経験はない。でも、この会社でもできると思う。ウエリントン・ヘッジファンド事業を一緒に立ち上げよう」

新しい事業に挑戦し、ヘッジファンドはウエリントンで重要な位置を占めるようになり、ヘッジファンドに必要なロング（買い持ち）とショート（売り持ち）の両方の投資アイデアは会社のアナリストに新たな刺激を与えた。

さらなる成功要因

運用会社が大きく発展するためには、2つの方法がある。一般的には、成長株、割安株、大型株、小型株といった分野ごとにファンドマネジャーを数人採用し、併せて若手のサポートチームを作る。そして、彼らの得意とする運用手法を求める投資家を探す。この戦略の強みは焦点が明確なことだ。弱点は、顧客が増えれば利益が増加するため、次々と顧客を引き受け、結果として運用能力が限界を超える。

成長へのもう1つの方法は、従来のものとは全く異なる。顧客はそれぞれ固有の投資哲学や投資スタイルを持っているので、その顧客ニーズに弾力的に応えるために、強力なリサーチ機能に基づく体制を作る。こうすれば、顧客ごとにきめ細かい対応が可能となる。

ウエリントンは後者を選び、それがその後の発展のカギとなった。さまざまな運用機能を組み合わせ、分散したポートフォリオにより、数年ごとの相場急変の際にも資産を減少させる事態を避けることができた。さらに、運用部門全体が高い運用能力を持つため、例外的に受託額が増加しても成績を落とすことにはならなかった。

資産の拡大に伴って成績が低下する問題に、ウエリントンは丁寧に対応し、好成績を維持できた。ポートフォリオマネジャーが追加の資産引き受けを断ることもあるが、会社は成長を続けている。大口顧客のニーズに合わせ、個別のポートフォリオチームを編成する。この代表的な例が、最大顧客のバンガードだ。

ウエリントンの融通無礙《むげ》の組織と運用商品の複雑さに、戸惑う顧客や見込み客もいただろう。しかし、ウエリントンでは営業マネジャーの組織を作り、それに対応している。一般に運用会社は、優れた顧客対応マネジャーの価値を正しく理解していない。運用会社は、自社の営業マネジャーを証券会社の営業マネジャーと同じように考え、プロフェッショナルだと思っていないからだ。ウエリントンの営業マネジャーは顧客と親しい関係を築き、互いの会社をよく理解し、一緒に最も顧客ニーズに合った社内のファンドマネジャー・グループを選択する。これは、マクファーランドがバンガードから委託されたことの1つだった。

ウエリントンの強みは、業界別の「セクター・チーム」制を導入したことにもあり、これはヘッジファンド事業の発展に特に大きく寄与した。さらなる成功要因は、社内における新事業開発を奨励したことだった。例えば、マネージング・パートナー2、3人からなるグループを作り、組織としてのウエリントン・パートナーシップの運営に専念させ、多くの投資運用会社があまり重視しなかったキャリア開発や報酬に注意を払うようにした。

ウエリントン、非上場化へ

1970年代半ば、ウエリントンの株価は大幅に下落し、1桁台の中ほどを漂っていた。自社株買いで株価を上げようと考え、続いて当時流行していた従業員持ち株制度（ESOP）も検討したが、共に取りやめた。1978年のある日、「ボーグルとの争い」が終わり、収入が増加していた頃、ソーンダイクは注目すべき提案をした。「株式の上場廃止はどうだろう」。その頃は中小企業によるわずかな上場廃止の例があるのみだった。当時、ハーツ・マウンテン社の上場廃止に関連してSECから異論が出され、同社は何件もの訴訟に巻き込まれていた。ウエリントンの経営陣は、ブラウン・ブラザーズ・ハリマン社に相談した。実行可能かどうか検証した結果、結論は無理とのことだった。

幸いなことに、ウエリントンの最高法務責任者のジム・ウォルターズがさらなる検証を行い、完璧な解決法を見いだした。エリサ法において1977年、企業年金を保護するための「受託者責任」として、忠実義務と注意基準の明確な要件が定められた。忠実義務においては、受託者は常に顧客の利益最大化に努めなければならない。このルールからすると、ウエリントンのような上場運用会社は、顧客と株主の2者の利益を同時に追求するという矛盾に陥ると、ウォルターズは指摘した。

ウォルターズの説明通り、ウエリントンの非上場会社化は、デラウエア州法の規定する非上場化の条件「正当なビジネス上の理由」に当てはまる。非上場化は、まさしく顧客利益最優先になる。この論理はその後の2件の訴訟においても十分に持ちこたえられた。

ウォルターズの株式非上場化案は、初めは無理だと思われていたが、今や必須のものとなった。さらに重要なことは、今後会社の法的形態をどのようなものにするか、ということだった。ウエリントン・マネージメント社は株式会社でいくのか、それともパートナーシップ方式か。当時多くの会社はパートナーシップ方式から株式会社へと移行していた。パートナーが無限責任を負うからだ。この責任を有限にするパートナー制度にする方法はあるのだろうか。

パートナーの責任を有限にする規定があった。会社の業界リサーチ・銘柄選択のプロセスや顧客に対する十分な情報公開はエリサ法のその規定に十分応えている、とウエリントンのアドバイザーたちは判断した。この論理は、2世紀前にハーバード大学とエイモリーとの間の訴訟における、当時の裁判所の判例を踏まえている。そこでは、法で要請される善良な管理者の責務の内容を明らかにしている。この判決は、「プルーデントマンルール」（思慮深い投資家の原則）と呼ばれることになった。この解釈により、ウエリントンは上場している自社株すべてを買い取るパートナーシップの新会社を設立し、そのビジネスを継承することが可能となった。ウエリントンはビジネスを完全に立て直せるかどうかはわからず、次の下げ相場ではいばらの道を歩むかもしれないが、ドランは「何とかやり遂げる」と、宣言した。そして、取締役会に全株式の買い取りとパートナーシップ制への移行を提案した。

ドランは人生最大の決断を下し、同僚にも一緒に決断しようと説得に努めた。株式買い取り資金の一部はウエリントンの流動資産を充当し、残りはドランの義理の兄弟の働くブラウン・ブラザーズ・ハリマン社から借り入れた。ドランと同僚は全員、パートナーシップ制へ移行すれば訴訟リスクを免れないとわかっていた。そして、社内で長期にわたって重ねた審議は、その後の株主訴訟に対する防御に欠かせないものだった。

この株式買い取りにあたって、投資銀行ディロン・リード社が、ウエリントンの3人の独立取締役と共に公正な株価算定のために採用された。彼らはまず1株当たり11ドルと決めたが、大型特別配当の発表後、11・5ドルに引き上げ、総額では1100万ドルとなった。

個人投資家と大手機関投資家がどこまでウエリントンの顧客としてとどまってくれるかが懸念されたが、結果として大部分はとどまった。

パートナーの退職時における売却価格の規定が、まだ決まっていなかった。一般に、パートナーの退職時における会社の純資産価値をベースに計算する方法を取る会社もあれば、直近の利益を基準に計算するところもあった。ウエリントンは今後見込まれる予想利益に逓減比率を掛け、10年間の利益をベースに計算する手法を取った。この将来の利益を考慮した計算方法は、パートナーに、自分の退職後のウエリントンの成長と企業文化の持続を意識させる狙いがあった。「顧客第一、そして会社、それから自分」という会社のスローガンは、パートナーの利益より会社の利益を優先することを明確にしたものだ。そして、顧客の利益は常に何よりも優先される。

株式の非公開化は1978年5月から始まり、1979年10月31日にようやく完了した。

バンガードにとって、ウエリントンが成長し、さまざまな商品において専門的機能を向上させていくことは、極めて重要だった。ウエリントンにとっても、バンガードの急成長は同じように重要だった。かつて激しくいがみ合って決別しかけた2社は、友好的な関係へと戻り、理想的な業務提携はその後40年間続いている。

第13章

ブレナンの経営手法

「4月の初めを迎え、大事なシーズンが差し迫っている。だが、バンガードの会長は、メンバーが動こうとはしないのでお手上げ状態だ」という記事が、1999年のインスティテューショナル・インベスター誌に載った。

第13章
ブレナンの経営手法

「メンバーがみんなでやってきて『休暇を取る』と言うんだ」とブレナンはつぶやく。メンバーとは、ブレナンがコーチを務める地元ラクロスチームの14歳の少年たちだ。春休みはもうすぐだったが、世界第2位（当時）の投資信託運用会社を率いるブレナンは、彼が指導しているペンシルベニア州ラドナーのラクロスチームで、少年たちからの言葉にショックを受けていた。彼は負けたくなかった。「初日に私は彼らに、『全勝とそうでない優勝とでは大きな違いがある』と、宣言した」

「ジャックは甘くない」とフィラデルフィアの弁護士ピーター・サムソンは述べる。彼は、チームのディフェンスコーチだ。「彼は勝つために指導している。そこに疑問の余地はない」。サムソンによると、子供たちを指導する際の大きな問題は、親からのクレームだ。彼らは大声で文句ばかり言う。「私なら何日もくよくよするだろうが、ブレナンは全く気にしない。右の耳から左の耳へ抜けてしまうようで、覚えてもいない。自分が正しいと思えば、嫌われても気にしない」[1]

この記事ではブレナンの著作から引用がなされていた。「競争の激しい我々の業界には、民主主義の居場所はない（これは常識的または公式発言としては正しくない発言だろう！）。優れた判断力を備えた断固たる決断力は、困難を克服する際に役立ち、そのおかげで業界の先頭を長年走ってきた」

記事の最後には、ブレナンの少年ラクロスチームは、一敗もせずに優勝したと記されていた。

ジャック・ブレナン

ジャック・ブレナンはボストンのアイルランド系カトリックの家庭に生まれ、勤勉さとやり遂げることの大切さを教えられた。父フランク、母マリーのもと、女2人男2人の4人きょうだいで、ボストン郊外のウィンチェスターで育った。ボーグルと比べれば、ブレナンの家庭はかなり裕福と言えた。祖父母は共にアイルランドからの移民で、ハーバード大学の用務員として働いていた。ジャックの両親は、家族の中で初めて小学校を卒業した。父フランクは高校で一番の成績となり、ウェントワース工科大学に進学して、電気技師になろうと思った。しかし、彼の進路指導カウンセラーは賛成せず、ウェントワースへの出願書を破り捨て、ボストンカレッジに行くようにと熱心に勧めた。そうすれば、「何か大きなこと」を成し遂げられると言うのだ。フランク・ブレナンは古典的なアメリカンドリームの実現に一歩を踏み出した。やがて彼は、中規模のユニオン・ウォーレン貯蓄銀行のCEOとなり、規模を10倍に拡大し、マサチューセッツ・ビジネス・デベロップメント社のトップやマサチューセッツ銀行協会の会長、その他の金融機関の取締役も歴任した。

フランク・ブレナンは、息子のジャックにとって仕事上の素晴らしい手本だった。90歳代になっても、2010年に成立した長文で難解な、ウォール街改革と消費者保護に関するドッド・フランク法を読み、その論評を書き、要点をまとめて、息子の参考にと手渡した。フランクは、ビジネス界や政界に知己が多く、誰とでもすぐに打ち解ける性格だった。「マサチューセッツの主な有力者はみんなフランク・ブレナンを知っていた」と、マサチューセッツ州上院議長やマサチューセッツ大学学長を務めたウィリアム・バルジャーは回想する。「アイルランド音楽祭に行って、顔を上げれば、そこにはブレナンの家族がいる」「彼とばったり出会い、近況を聞くのがいつも楽しみだった」。ブレナン一家と家族ぐるみの付き合いのあるセービング・バンク・ライフ・インシュアランス社社長のロバート・シェリダンは、「高潔な価値観を持つ家族だった。子供たちはみんな社会的に成功している」と語る。ビジネスで成功したが、一家の生活はつましかった。車は1台だけで、子供たちは夏休みのアルバイトで汗を流した。

ピーター・サムソンはインスティテューショナル・インベスター誌に、「ジャック・ブレナンの後を一日中ついて回ったら、彼は文無しだと思うかもしれない。彼は、庭の芝生を自分で刈り、子供たちはそれを手伝う。唯一のぜいたくと言えば、アウディに乗っていることくらいだ。彼は家庭的で、息子2人と娘1人がいる。社交的な付き合いより家にいることを好み、子供のスポーツコーチをすることに熱心だ。夏の週末にはケープコッドの親戚の家で過ごした」と語る。7桁の報酬を得る成功を収めた今日においても、ブレナンは質素な生活を送っている。

信仰心の厚いブレナンは、妻のキャサリンととても仲がよい。サムソンは、「感傷的に聞こえそうだが、今日では珍しい、神と家族のために生きる真のアメリカ人だ」。ブレナンは、ノートルダム大学〔インディアナ州にあるカトリックの著名大学〕の評議委員会議長を務める。この大学では彼の子供たちが学んでいた。学業優秀で、高校時代は運動部のスターだったジャックは、厳しいコーチである父のもとでアイスホッケーに打ち込んだ。「私たちは朝5時にはもうアイスホッケーリンクにいるようなタイプの家族だった」と彼は話す。１９７２年、彼はダートマス大学に入り、経済学を学び、大学のアイスホッケーとラクロスの代表選手として活躍した。彼は、１部〔全米大学体育協会（ＮＣＡＡ）には１部から３部まであり、強豪校は１部に多い〕に所属するこれらのチームでスタープレーヤーではなかったが、「自己中心でないことが私のモットーで、それを私はラクロスを通じて息子たちに教えた。アシストの数が大切で、ゴールの数ではない」という確固とした信念があった。これを証明するためにブレナンは、子供たちに「ブレナン8ゴール28アシスト」と書かれた当時のダートマス大学学生新聞を見せて言った。「ラクロスにおいて、他のスポーツや人生でも同じだが、自分のゴールというものはない。いつもチームの得点だ」

ブレナンはスポーツを通じて揺るがない考えを確立した。彼は、バンガードにアイスホッケーチームを作る提案をした。当時のテクノロジー部門の責任者、ロバート・ディステファーノは、「彼とゴルフを一緒にしたことはあるが、私自身はアイスホッケーをしたいかどうかはわからない」と言う。

ダートマス大学卒業後、ブレナンはマンハッタンのニューヨーク貯蓄銀行に就職したが、その後ハーバード・ビジネス・スクールで学んだ。卒業後、ウィスコンシン州ラシーンにある日

第13章 ブレナンの経営手法

用消費財で有名なSCジョンソン社に入社した。「ハーバード・ビジネス・スクールを出てから、プルデンシャルに入ることになっていた。しかし、社長のジョンソン氏から、彼の会社で2、3年間働かないかとの誘いを受け、SCジョンソン社に行くことにした。せっかくのチャンスだからと思ったんだ」。数年後、ブレナンは金融関係の仕事を探した。

当時バンガードでボーグルのアシスタントだったジェレミー・ダフィールドは、自分の後任者を探していて、ブレナンに連絡をした。ハーバード・ビジネス・スクールの就職センターに彼の履歴書があったからだ。ブレナンは、当時50億ドルの運用資産を持つバンガードについて、ほとんど何も知らなかった。「私は、フィデリティの短期ファンドに自分のお金を預けていた。ウィンザー・ファンドについては聞いたことはあったが、それだけだった」と、ブレナンは語る。1回目の面接は電話によるもので、ボーグルも参加した。バンガードは、ブレナンのフィラデルフィアへの飛行機代を用意しなかったからだ。

ボーグルの要請により、ブレナンは、心理学者の行うインクの染みで作られたインクブロットテストを受けた。テストの評価について意見を求められると、ブレナンはきっぱりと、「最悪だ」と答えた。

「どうして？　あなたの成績は100点で、しかも、一番早くできた。これまで受けた人たちと比べると、際立っている」と心理学者。

「それは重要ではない。私が関心があるのは、他人との比較ではない。問題は、自分の目標との比較だ。あなたがずっと私を見ていなかったら、もっとよくできたはずだ」

急成長を遂げていたバンガードは、経営と管理に優れた人材を求めていたので、ブレナンは当然採用された。彼の現実に即した実務能力はボーグルの理念的傾向を補うものだった。「ジャック・ブレナンには優れた管理能力がある。彼はいくつも実績を上げた」と、ボーグル。

ブレナンはバンガードに移る決心をし、妻に、ニューイングランド地方に住むという彼らの大切な夢の実現を2年間待ってくれるように頼んだ。しかし、その数カ月後のある晩、「バンガードはキャリアを確立するのにふさわしい会社だ」と彼が言ったので、彼女はとても驚いた。

リーダーにとって大切なこと

多くの金融機関は規模の拡大を重視し、品ぞろえという理由で次々と新商品を開発し、商品構成や市場、あるいはその双方の多角化を目指す。一方、バンガードは、投資信託に専念し続ける。海外市場にも慎重に進出したが、そこでも低コスト戦略は変わらない。ブレナンは「金融サービス会社はすべて同じ目標に向けてレースを繰り広げているので、永遠にその争いに終わりはないが、バンガードの戦略は独自の優位性を模索するところにある」と述べる。

ブレナンは絶対的信条として、社員に対し、タダ乗りは許さないと考えていた。ある上級幹部は、法令上疑義のある問題に適切に対応しなかったので、すぐに解雇された。法務コンプライアンス担当のマイク・ミラーはこのことについて、「ブレナンは以前から、法務コンプライアンス部門のコストは高すぎるので、この部門に多くの弁護士やコンプライアンス担当は必要ないと考えていた」と述べる。

これはコンプライアンスを無視するということではない。ミラーは続けて、「最初は総勢100人ほど、私に直接報告する部長が4、5人の体制で始めた」と回想する。「20年経った現在では、規制当局対応、コンプライアンス、企業リスク管理、外部委託分を含めたすべてのファンドマネジャーのポートフォリオチェックなどを行う14のグループからなり、総勢1500人を抱える大所帯となった。企業としてのバンガードを見るコンプライアンス担当だけでも80人が所属している。ブレナンと我々はいつも一体となって活動した。私はブレナンのために働いたことはなく、彼と一緒に働いた。ずっと彼を兄のように慕ってきた」

ブレナンは自制心が強い。バンガード在職中、毎日5、6マイル走り、朝6時にはオフィスに来て、声を荒らげたことはなく、スケジュールに従って仕事をテキパキとこなした。予定時間20分の会議は18分で切り上げ、21分になることはほとんどなかった。「彼は要点をすぐに理解する」と言う人もいれば、愛想がないと言う人もいる。

しかし、バンガードのリーダーとしての見解を明確にする時には一段と熱がこもり、全員がわかるように時間をかけて丁寧に説明した。社員が1万5000人ともなると、幹部社員一人ひとりに、リーダーの選別基準を説明するのは難しい。そこで、個別の対話の代わりに、ブレナンは53ページの小冊子にまとめ、バンガードの全社員に配った。[2] その基本理念は次の2点に要約される。

- 我々には競争上有利な特許権や独自の手法はない
- 顧客からの高い評価と信頼こそがバンガードの基本的企業価値だ

なぜそれが彼やバンガードの社員にとって、特にリーダー候補者にとって大切なものであるかについて、各項目で1ページ以上割いて説明している。以下はその要約だ。

正しいことをしよう　バンガードの社員は、ミスは許されるが、道義上問題のある行動は許されない。顧客情報の守秘義務違反は、解雇となる。顧客や取引先からの高価な贈り物を受け取ると、解雇となる。この仕事を続ける限り、個人的な投資は絶対禁止。違反すれば解雇。当社の規則通りでなければ、無条件に違反となる。その中間はない。明確な違反の場合、弁明の余地はない。

最高のリーダーの条件とは、具体的に次のようなものだ。

- 最も勤勉であること
- 顧客第一であること
- 成功へ向けて最大限の努力をすること

- 周囲に対して最も親身であり、思いやりがあること
- 最も柔軟な思考を持つこと
- 高潔な人格を持ち最良の手本となること
- 最高水準の仕事に向けて邁進すること

チームワークの育成　バンガードでリーダーとして成功するには、「自分のエゴはポケットにしまっておくこと」。成果の上がるリーダーは、謙虚だ。結果をコントロールできない株式運用を生業とする我々のような企業にとって、謙虚さは重要だ。謙虚さを失った金融関連企業の残念な末路の話は掃いて捨てるほどある。

相反する目標を達成　我々の使命は、この業界で最も質の高いサービスと最もコストの低い商品を提供することだ。ビジネス界において、業界2位の企業の名前を思い出してもらうのは容易ではない。そして、我々はこの2つの目標を達成しなければならない。現在および将来の競争に打ち勝つには、絶えず改革していかなければならない。

断固として戦い抜こう　成功へのたゆまぬ努力は個人的にも会社としても必要不可欠だ。何年か前に市場が大暴落した時、我々の顧客対応は全く申し分なく、顧客のすべての取引注文と

要望を完璧に処理していた。それで、その日の終わりに私は同僚に尋ねた。「どうやってできたのだ？　この暴落の中で、我が社だけ、急増した取引と要望をどのようにいつもと同じようにこなしたのか？　楽しみながらやったのか？」。彼女は答えた。「ジャック、私たちの会社は世界で最も競争力がある。今日のような日に、他社が私たちよりうまくやるなどということはあり得ない」

決断し、それに対して責任を持つ　偉大なリーダーは、自らあらゆる非難を引き受け、称賛はみんなで分かち合う。リーダーであることで、すでに称賛を得ている。堅実な判断に基づく決断力はバランスシートには載らない財産だ。そして、これは、会社が多くの困難を乗り越え、将来にわたって発展する原動力となる。

価値観の多様性　我が社の仕事は、社員の優秀さに全面的に依存している。それゆえ、いつでも、どこでも、どの部署においても、最も優秀な人材を求める。すべての社員が「自分のように」なれということではない。

変化を受け入れる　バンガードは長年変わらない、と外部の人たちが言うのを聞いたことがある。「投資信託中心で、今でも個人投資家が株主で、今でも低コストを心がけ、地味で華やかさがない」と。たしかに、一見すると我々は多くを変えていない。しかし実際には、絶えず変化し、変革を推進した社員こそが会社を成功と繁栄へ導いてきた。変化を受け入れない社員は、我々の発展の妨げとなり、当然のことながら自分のキャリアを傷つける。

社員同士が互いに親身になる　よい上司と最高の上司の決定的な違いは、次のようなことだ。最高の上司は親身になる。「親身」とは、単なる上司以上の役割を果たすということだ。チームの仕事をリードする以上の役割を担う。バンガードの最高のリーダーは自ら心を開き、社員に自分の私生活や趣味、家族、好き嫌いを隠さない。そして、最も成果を上げるリーダーは、部下の生活に深い関心を持つ。そうすれば、部下は自分が単なる従業員ではなく、1人の人間であると知ることができる。個人的に接することは、仕事の邪魔になるどころか、逆にプロとしての仕事の水準を高める。我々経営陣は、社員全員をプロとして認めると同時に、個人としても大切に思い、そのお子さんのことも知りたいし、ゲイの社員がいるならそのパートナーのことも知りたい。

仕事に常に前向きに取り組む　正面から立ち向かう。仕事と割り切ろう。ほとんどの人は好きな仕事を選んでいるわけではない。やむなくその仕事を選んだのである。つまりリーダーの仕事は、部下が仕事にやりがいを感じ、楽しく働き、正当に評価されるようにすることだ。これは、前向きな職場環境でなければなし得ないことだ。前向きな環境を作ることは、リーダーにとって簡単なことではない。最高のリーダーにとって重要なことは、リーダーは決して落ち込んではならないということだ。もしリーダーが落ち込むと、部下も落ち込み、やがて顧客にもそれが伝わる。

ブレナンは日頃から大切にしている個人的信条についてこう語る。「堅実な生活を一瞬でも忘れると、バンガードの評価を長期にわたり、場合によっては永久に傷つける」。この言葉はバンガードの「正しいことをしよう」という基本理念の根幹をなすものだ。

人材をどう評価するか

ブレナンによると、「バンガードにおける企業文化の改善は「DAWAW」にある。すなわち**Don't Ask Who—Ask Why！**（**誰がそれを言ったのかと問うのではなく、なぜそれをしなくてはならないのかと問え**）**だ。根本原因を追究することで、企業の直面する問題の解決方法を見いだそうとすること**」。これは、「社内の空気を読むな」というブレナンの警告にも合致するものだ。彼は、すべての幹部が自ら学び続けるとともに部下にも学ばせることを主眼に置き、絶え間なく学び続け、改革し続ける組織に作り上げようとした。「バンガードにおいて、リーダーへの最大のほめ言葉は、同僚から『あなたは私の師匠だ』と言われることだ。この名誉ある称号を得るには、相手に向き合って教えることが必要だ。教えることは、学びに通じる」

ブレナンには、人事について、特に昇進決定の明確な基準があった。彼は部下に、「自分はこの人を自分の娘や息子の上司にしたいか」と考えるように求めた。「この単純な質問をした時の社員の驚きは忘れられない」と、ブレナンは語る。

最も有望な人材を数年ごとにあちこちの部署に異動させることで、その人材は組織全体の観点で会社を見ることができるようになり、前任者の功績を評価できるようにもなる。そして、経営管理能力は磨かれ、バンガードはそれぞれの今後の昇進の是非を評価できる。幹部選任の判断に際して、ブレナン以下の経営幹部の能力が試される。対象者の適性やそのポストの課題、将来性などをどのように評価したかが問われるからだ。

「特別優秀な人材を見いだし続けることが、幹部社員のバンガードに対する最大の貢献だ」と、ブレナンは強調する。「まず、優秀な人材を採用し育てることは、間違いなくバンガードの他の幹部にもよい影響を与える。次に、有能な後継者を確保することで、現在の担当幹部に新たなチャンスを与えることができる」

ブレナンは、問題解決にあたり、徹底的に数値化することを求めた。COOだった頃のことを彼は思い出す。「我々は社員に、社内での経験と行動についてのアンケート調査をした。その結果は大変驚くものだった。簡単に言えば、経営層には問題はないが、中間管理職には課題があったのだ。これは、世の中ではよくあることだが、大いに考えなければならないことだった。そこで、2つの大改革を行った。まず、アンケート結果をそのまま社員全員に配り、この責任は経営陣にあるとした。それからすぐにその問題に取り組み、根本的変革を開始した。同じアンケート調査を1年後に行った結果、改革は劇的にうまくいっていることがわかった。離職率は半分になった」

何年か経ち、離職率が再び上昇すると、ブレナンは人事部長キャシー・ガバニッチに調査を指示した。彼女は退職者に直接インタビューすると、ただちに原因が判明した。それは、バンガードの服装規程だった。ブレナンは、社員がプロである以上、ネクタイとスーツにすべきだと主張していた。しかし、IT企業においては、ジーンズとTシャツがユニフォームのようなもので、一流のIT企業では皆これを着ている。ブレナンは頑固で、「雑用係の服装がしたいなら、雑用をすればいい」と言っていたが、6カ月間さまざまなアドバイスも受け、さすがのブレナンも折れ、毎週金曜日に好みの服装で働くことを認めるカジュアル・フライデー制度を導入した（後にビル・マクナブはカジュアルな服装を認め、そして、2019年にティム・バックリーはジーンズも認めた）。

ブレナンは毎年、バンガードの何百人もの幹部社員の業績評価を行った。この評価は厳格で、病的なまで細部にわたっていた。ITと通信の設備に巨額の投資をしていたが、バンガードは本質的に社員一人ひとりのマンパワーに依存する企業だったからだ。

「やってみること」と「すべきでないこと」

ブレナンの経営手法の1つは、極めて有効なものだった。それは、**まず自分でやってみること**。重要なポストに空きが出た場合、ブレナンは自らその職務を兼任し、数カ月間その仕事に取り組んだ。IT分野のように業務の優先事項の再検討が必要な場合は、6カ月に及ぶこともあった。「バンガードの基本的価値観や経営理念は変わらないが、具体的な経営手法は絶え間なく変革すべきだ。主な事業部門のトップが交代する場合は、そのポストを一定期間兼任してみる。その間、どのようなリーダーシップが必要かを考え、目前の問題を解決し、そして、与えられた職務に対して最高の実績を上げられる後任者を決定する」

幹部社員たちは、ブレナンが現場の課題を理解して、それに効果的に対応するために彼らを選んだということを知っていた。そして、関連他部門のリーダーたちもまた、そのことを理解していた。一般の社員も、同様に理解していた。その結果、幹部社員間の信頼が高まったことは言うまでもない。

バンガード内の派閥争いなど政治的な動きは、当然のことながら望ましくないものとされていた。ブレナンは、「バンガードにおいて、個人の立場は問題ではない。常に会社としていかに顧客によりよいサービスを提供するかが課題だった。だから、適切なポジションに適切な人を配置することを心がけた。最大の力を発揮し、学び続ける人材を求め続けた。バンガードは組織として謙虚さを維持していきたかった」と、説明する。

ブレナンのCEO在任中、バンガードには次のようなルールがあった。

- 営業店舗を持たない
- 他の人と同じ意見を言わない
- 会社は住宅ローンを提供しない
- 販売手数料は支払わない
- 積極的に海外進出をしない

しかし誰にでも欠点はある。ジャック・ブレナンの戦略にも弱みはあった。バンガードは、ほとんどの主要海外市場において出遅れた。その理由の1つは、よく知られているように、多くの国において政府の規制が厳しく、資産運用業に対する考え方が不明確で、政府の対応に疑念があったためだ(第19章参照)。実務的にも顧客への迅速な対応にかかる経費負担の規模に不安が残った。しかし、ブレナンはボーグルからCEOの座を引き継ぎ、2008年にビル・マクナブに引き継ぐまでの間、バンガードを業界で比較にならないほどの強大な資産運用会社に育て上げた。ブレナンが感情的な言動をとるのを誰も見たことがない。彼は人とのつながりを非常に重視し、自ら手本を示し、今日のバンガードにおける企業文化の発展と成熟に中核的な役割を果たした。

第14章

巨大資本の力

大きな事件が起こる時、実は何年も前から見えない形で動きが始まっている。2009年、バンガードの新たな基本方針が発表された。

折しも、バークレイズ銀行は資産運用部門バークレイズ・グローバル・インベスターズ（BGI）社の一部またはすべての売却を発表し、これをブラックロックが135億ドルで買収すると決めた。バークレイズのBGI社売却にあたり、バンガードはそのETF部門だけに数十億ドル単位の買収提案をして、業界を驚かせた。

バンガードはこれまで、他社の買収経験が全くなかった。数年前、米教職員保険年金連合会・大学退職株式基金（TIAA－CREF）の買収を少し検討したことがあっただけだ。共にインデックスファンドで大部分を運用する長期巨額年金資金を持っていた。議論を重ねるうちに3つの課題が浮かび、この買収は立ち消えとなった。まず、両社のカルチャーは似ているものの、統合には懸念を残す違いがあった。次に、十分なコスト削減効果を上げるためには、多くのTIAA－CREFの社員を解雇する必要があった。これは、バンガードの長期雇用施策に反する。第3に、幹部と取締役の議論を通じて、受託資産額の拡大はバンガードの優先的戦略目標ではない、ということが明らかになったからだ。

このBGI社は、もともとウェルズ・ファーゴ銀行のジェームズ・ヴァーティンが実験的事業としてスタートさせたものだ。彼はカモ猟の名人で、いつも制限ぎりぎりの銃弾を使い、撃ち損じのないことで知られていた。彼は、1970年代初頭にすでに効率的市場について先駆的によく学んでおり、インデックス投資の意義を十分理解し、ウェルズ・ファーゴ・インベストメント・アドバイザーズ社を設立した。この会社は後に、当時の日興証券との合弁、ウェルズ・ファーゴ日興にも発展した。ウェルズ・ファーゴ・インベストメント・アドバイザーズ社とウェルズ・ファーゴ日興は、それぞれ独立した事業として運営された。1994年、メリルリンチは、ウェルズ・ファーゴ・インベストメント・アドバイザーズ社の買収の一歩手前まで検討を進めていたが、結局断念した。当時のメリルリンチのトップの1人によれば、2人の運用部門幹部からCEOに、「このインデックス投資事業の買収は、これまでの我々の努力を完全に否定することになり、アクティブマネジャーとしてのメリルリンチを消滅させる」と直訴があったからだ。その結果、バークレイズ銀行によるウェルズ・ファーゴ日興買収の道が大きく開かれた。事実、4億ドルで行われたこの買収は、バークレイズ銀行の資産運用業のグローバル化の第一歩と言える。バークレイズ銀行は、この買収した会社を、自行のグループの資産運用部門と合併させ、1995年にBGI社としてスタートさせた。2006年には、BGI社の税引き前利益は13億ドル、利益率は43・9パーセントにもなった。

ウォーレン・バフェットとの会合

2009年4月、ウォール・ストリート・ジャーナル紙に、プライベートエクイティ（PE＝未公開株）投資会社CVCキャピタル・パートナーズ社によるBGI社のETF事業であるiシェアーズ部門買収の小さな記事が載った。リーマン・ショック後の世界的景気後退を受けて、バークレイズはイギリスの金融当局から資本強化を強く求められていた。バンガードにとって幸いなことに、この案件には、バークレイズがCVC社に対して違約金を払えば解約できる条項があった。当時、バンガードの会長だったブレナンはこの記事を見て、戦略・財務部門のトップのグレン・リードとCEOのビル・マクナブのところに行き、こう尋ねた。「この件を検討したらどうだろう」

当時、BGI社のiシェアーズ事業は資産額約3500億ドルという巨大なものだった。世界のETFビジネスにおいて業界最大規模で、前途洋々だと思われていた。iシェアーズはアメリカ市場を席巻し、イギリス、ヨーロッパ、アジアにおいてもスタートしたばかりだが、将来の成長が有望視されていた。バンガードがiシェアーズを買収すれば、アメリカのETFビジネスのトップに躍り出るだけでなく、海外事業に乗り出すきっかけにもなる。

リードはすぐに、外部アドバイザーを採用して、iシェアーズへ買収に関心があると表明すべきだとの結論に達した。まずアドバイザーの候補となったのは、ゴールドマン・サックスだ。同社は採用される可能性が低かったにもかかわらず、これまで何年もバンガードに熱心にさまざまな提案を持ち込んでいた。ようやくゴールドマンのこれまでの努力に報いるチャンスが来た、と思われたが、その時すでにゴールドマン・サックスは同じ案件に興味を持つ他社と契約しており、バンガードの役には立てなかった。

そこでアメリカ中西部出身のリードは、シカゴの大手証券会社で企業向けアドバイスの経験が豊かなウィリアム・ブレア社を採用するように提案し、ブレナンとマクナブも即座に賛成した。

ブレア社は、選りすぐりのチームを立ち上げた。当初、営利目的でない相互会社組織のバンガードが、CVC社に勝つために必要な多額の資金をどのように調達するのかが問題となった。リードによれば、バンガードグループ本社は傘下のファンドとの契約に基づいて20億ドルまでは調達できる。この20億ドルの出資額をもとに、さらに20億ドルから30億ドルの借り入れが可能なので、約50億ドルまではそろえられる。

「素晴らしい！　いつまでに準備できますか」

「まあ、明日の朝までにでも」

電話の向こうでブレア社の質問がぴたりと止まったことは、当初の疑念が完全に払拭されたことを意味した。バンガードには巨額の資金調達能力があることがわかった。

リードは、ブレア社とウォーレン・バフェットおよび彼が率いるバークシャー・ハザウェイとの特別な関係を知っていたので、ブレア社にバンガードの代理として、バフェットに連絡を取るように頼んだ。バンガードのｉシェアーズ買収計画に関心があるか打診してほしい、との趣旨だった。

バフェットはバンガードを高く評価していて、ネブラスカ州オマハのバークシャー・ハザウェイ本社にブレナンとマクナブ、リードを招待した。バンガードの3人は早めに到着し、本社ビルの1階のコーヒーショップで時間をつぶすことにした。空腹ではなかったが、食べ物も注文した。約束の時間になり、エレベーターに乗った。エレベーターを降りた3人は一瞬どの部屋に向かえばよいか戸惑ったが、その時突然バフェットが現れ、彼らを招き入れた。そして、入り口からホールを通り過ぎ、机、ソファーといくつかの椅子のある質素な応接室へと案内した。

自己紹介の後、ブレナンとマクナブ、リードはバンガードによるｉシェアーズ買収案の概要を説明した。バフェットは、「では、我々はどうすればいいのか」と尋ねた。そして、彼は机に戻り、黄色いノートに鉛筆で何やら書いた後、「25億ドルの貸し付けは可能だ」と述べた。この額は、20億ドルの出資金を基に調達できると想定していた金額と符合するものだった。

バークシャー・ハザウェイの質素な本社での会議が終わった後、バフェットは３人にネブラスカ大学フットボールチームのたくさんの記念品を渡し、それからアシスタントに自分の車の鍵を渡してオマハ空港まで３人を送るように指示した。この面談は90分とかからなかった。

もしバンガードがｉシェアーズを買収できれば、ＥＴＦ投資家のブランドへの忠誠心による恩恵を得られただろう。彼らは慣れ親しんだＥＴＦのグループ商品を繰り返し買うからだ。バンガードはｉシェアーズとＥＴＦ事業において協力はしても、２社を統合するつもりはなかった。同様に、西海岸にあるｉシェアーズと東海岸のバンガードを統合し、社員を大量に解雇する意図もなかった。言い換えれば、経済効果を上げるための「人員削減」に限界があったからだ。

一方、ブラックロックはまれに見る強いリーダーシップで知られているが、規模の拡大と上場会社として株価を上昇させるための収入・収益増を最優先にする会社だった。何しろＣＥＯ

のラリー・フィンクをはじめ、主要経営陣の個人資産は大部分が自社株だったのだ。メリルリンチ・アセット・マネジメント社の巨額買収を終えて、企業統合に一息ついたところだったので、新たな大規模買収案件には二の足を踏む幹部も少なくなかった。

ブラックロック、巨額買収を発表

リーマン・ショック直後の2008年の終わりに、バークレイズ銀行会長ボブ・ダイヤモンドはカタールのドーハの空港に降り立った。ノンフィクション作家フィリップ・オーガーがバークレイズ銀行の苦闘を描いた著書『生きのびた銀行』（*The Bank That Lived a Little*）[1]で書いたように、この時、同行は150億ポンドの資本注入が必要となっていた。10月13日にイギリス政府は、370億ポンドを投入して大手3行の過半の株式を取得すると発表した。これに対しバークレイズ銀行は、公的資金導入を断り、独自の資金調達計画で応じた。その内訳は、独自資本調達で45億ポンド、経営合理化により15億ポンド、期末配当取りやめにより20億ポンド、そしてカタールからの調達により10億ポンドだった。それに加えて、100億ポンドの負債調達も計画された。

バークレイズの資金調達ニーズが高まる中、当時のイギリス金融サービス機構（FSA）の高名なヘクター・サンツ長官は、BGI社の売却を提案した。その買い手の第一候補と考えられていたCVC社は、iシェアーズ事業にしか関心がなかった。バークレイズは、新たな売却先を探す必要があり、そこで6年前のことを思い出した。当時、バークレイズの新任会長だったボブ・ダイヤモンドとブラックロックの創業者ラリー・フィンクの間でBGI社売却の話が出たことがあった。しかし、その時にはそれ以上の話は進まなかった。

ダイヤモンドはたまたま社内全体のスケジュール表を見て、ニューヨークのバークレイズ証券が、新装ヤンキースタジアムでのプロ野球球団ヤンキースの最初の試合に、ブラックロック幹部を招待する予定であることに気づいた。彼自身は熱烈なレッドソックス・ファンだったが、これは絶好のチャンスだとにらんだ。彼は球場内のバークレイズ専用観戦ラウンジで、試合の終わり頃に、ブラックロック社長のロバート・カピトと歩きながら、近日中にフィンクに会いたい、と仲介を頼んだ。

そのフィンクとの会談において、ダイヤモンドはブラックロックとだけBGI社全体の売却交渉に入りたいと提案し、フィンクはBGI社の一括買収の意思を表明した。2人のこの決断はそれまでの交渉過程を一気に覆した。これはまず、バークレイズにとってはイギリス当局から要求されていた資本強化策を達成するものだった。そしてこれは、バンガードをiシェアーズ買収交渉から脱落させるものだった。バンガードには50億ドルを用意することは可能だったが、130億ドルとなるとそうはいかない。それに、バンガードはすでにインデックス投資においては業界トップの地位を確立しており、さらにこの分野の買収を進める戦略的意義はなかった。

6月にブラックロックは135億ドルの巨額買収を発表した。その内訳は、現金42億ポンドとブラックロック株19・9パーセントからなる。フィンクは、金融危機は終わっていると判断していた。2009年12月1日に買収が完了した時点で、ブラックロックの株式時価総額は63億ドルも増えて152億ドルに達していた。バークレイズは、14年前のBGI社への出資額の30倍以上を手にし、危機を脱した。

ボブ・ダイヤモンド自身は、7年前に1000万ドルで買った自社株を3600万ドルで売った。

話は戻り、コストカットと2倍以上の資産増加により、収益は急速に拡大し、5倍以上となった。り起こすために、1999年初めにBGI社において、ETFの商品性は優れているので需要を掘り起こすために、広範な品ぞろえ、強力な宣伝広告活動と専任の営業部隊の拡充が必要だとの方針が決定された。100人以上の営業担当者を採用し、ETFの商品名をiシェアーズとし、テレビコマーシャルとパンフレットの印刷費に1200万ドルを予算計上し、専用のウェブサイトを開設し、個人投資家に向けてキャンペーンを開始した。営業部隊は3つのアドバイザーに焦点を当てた。公認投資助言者（RIA）、大手・地域証券会社、そして小規模会社だ。こうした個人向けETFビジネスの拡大に伴い、BGI社は機関投資家、ヘッジファンド、投資信託会社、そして富裕層といった顧客層へもETFの販売を強化した。2006年までにBGI社は1億ドルの経費を投入して194種類ものETFを世界中で運用し、2840億ドルの資産を運用する世界最大のETFプレーヤーとなった。ステート・ストリートは1010

億ドル、バンク・オブ・ニューヨークは270億ドル、バンガードは2002年に本格参入したばかりで、220億ドルで5位だった。

いくつかの効用

バンガードのグレン・リードは亡くなった義理の父の「過去は振り返るな。まとまらなかった案件はすぐ忘れろ」というアドバイスに従い、くよくよしなかった。iシェアーズの話が白紙に戻ったことで、バンガードにとっては、次のようないくつかのプラスの効用が生じた。

●まず、バンガードが単なる当て馬でなかったことを確認した上で、他社への売却が確定した場合のバンガード側の検討調査費用支払いを求めた。バークレイズはバンガードの言い分を認め、その必要経費全額の100万ドルを支払った。リードは、「バンガードは事業買収の方法を学ばせてもらった。それも全額、奨学金で」と話す。

●バンガードは傘下の投資信託からの出資や外部借り入れなどにより、必要な時に巨額の資金調達ができる自信を得た。また、顧客からの手数料を0・01パーセント引き上げるだけで多額の資本調達ができることを確信した。運用資産額が8兆ドルを超えた現在、この資本力はまさに圧倒的なものだ。リードは語る。「8兆ドルまでくれば、新たな戦略を考える時だ」

● iシェアーズ買収失敗の最大のメリットは、バンガードと取締役会が自前の強大なETF事業形成のため、商品ラインナップの拡大と営業活動の強化に向けて積極的に取り組む方針を打ち出したことだ。

バンガードは具体的な戦略を策定する上での基本的な3つの考え方を打ち出した。第一に、ETF事業では新たな買収に強い関心を持つが、既存のインデックス運用分野に買収の必要はない。第二に、現在の顧客にとってプラスとなることだけを考える。第三に、ETF事業とインデックス投資とのカルチャーの違いについては最大限注意を払う。

ブラックロックのような上場運用会社は受託資産と収益拡大に傾注するが、バンガードは異なる。バンガードの優先課題は成長ではなく、質の向上、すなわち顧客サービスの向上にある。結果として成長を続けることで、バンガードの資金調達力はいよいよ顕在化し、将来の適切な新規投資が可能となる。

取締役会議長アルフレッド・ランキンは、ビル・マクナブとジャック・ブレナンに、「50億ドルの買収案件が処理できることがわかったのだから、同程度の規模の話であれば、前向きに検討したらどうだ」と伝えたという。

第15章

驚くべき好循環《フライホイール》

ビル・マクナブは、チームワークと全員の積極的な参加意識の重要性を深く理解していた。「子供の頃、ニューヨーク州ロチェスターで友人と分担してタイムズ・ユニオン紙の夕刊を配達していたことがあった。配達に35分かかっていたが、その友人は、私のペースは速すぎると文句を言っていた。一度彼がいなかった時、弟2人に手伝ってもらい、そこで配達方法を変えてみた。新聞を手押し車に積んで、私はできるだけ早く押し、弟たちは新聞を抱え、家々の玄関先まで走った。すると、配り終わるのに20分しかかからなかった！」

約１９５センチの長身のウィリアム・マクナブ（ニックネームはビル）は、穏やかで、自制心に富み、ボート選手でもあった。ボート競技は、誰一人ヒーローになることのない究極のチーム競技だ。チームの勝利のため、自制心を持ち、黙々としかし最大限の力を振り絞ることがすべてのメンバーに求められる競技である。ロチェスター育ちのマクナブは、14歳の時にボストンに引っ越し、１９７９年にダートマス大学で政治学の学士号を取った。

マクナブは事実に基づく冷静な意思決定を好んだ。「**仕事を決める際、3つの質問を自分に投げかけた。その仕事は面白そうか？　そこでは多くを学べるか？　誰のために働くのか？**ダートマス大学卒業後、フィラデルフィア近郊のハバフォードスクールで教師となったが、これは最高の経験だった。教科書選びから授業計画に至るまで、22歳ですべて１人で授業要項を作成し、生徒と親を前に授業することに慣れなければならなかった。ハバフォードには2年勤め、その間ボート部のコーチも務め、そしてペンシルベニア大学ウォートン校でファイナンスを学び、ＭＢＡを取得した」。2年間の教師生活の後、マクナブはチェース・マンハッタン銀行に入り、最初は企業審査部門に、それから１９８０年代の初めには、過剰債務で行き詰まった企業の対応に当たった。１９８６年にバンガードに入社し、保険会社が４０１ｋの投資家向けに販売するＧＩＣ〔確定利息の債務契約、これは定期預金と類似のもの〕を管理する仕事に就いた。２００８年までに彼は顧客に直接対応するすべての部門のトップを経験した。

2008年1月、ブレナンはCEOを退任するつもりであることを取締役会に伝えた。彼はまだ54歳の若さだった。すべての取締役が、辞めるには早すぎると思い、こう言った。「ジャック、辞めるには若すぎるよ。すべてうまくいっているのに、なぜだ」「ジャック、これからが腕の振るい時だよ。さらなる発展が見込めるのに、投げ出すつもりか」。しかし、これはブレナンが考えに考えた決断だった。彼は長い時間をかけて検討した結果を次のように述べた。「頭では続けるべきだと思うが、信条として続けてはいけないと思う。『長期政権の弊害』が出てきたのを感じるからだ。保身に走る自分を感じている」。取締役たちは、ブレナンの意思は変わらないことに気づいた。そうなると、次にくる質問は当然、「次のCEOは誰にする?」ということだった。

まず、ティム・バックリーの名前が挙がった。彼はバンガードの価値観と使命の忠実な信奉者で、たぐいまれな才能と強いリーダーシップに恵まれ、謙虚で、周りの人を自然に楽しい気持ちにさせる雰囲気を持ち、そして一流のプロだった。しかし、ブレナンは言った。「いや、彼はまだ早い。あと数年経験を積み、社員に彼の能力を認めさせれば、もっと素晴らしいCEOになるだろう」

ブレナンは、次期CEOはビル・マクナブだと確信していた。マクナブは幅広い分野でリーダーシップを発揮してきた実績があり、CEOが十分務まる。次回の定例取締役会においても、マクナブの定例報告が予定されていた。

その取締役会の席上、マクナブは違和感を覚えた。「私の経験上初めて、取締役たちは上の空で、議論についてきていないように思えた。そんなことはこれまでほとんどなかった。バンガードの取締役はいつも責任感が強く、会議にはしっかり準備をしてきていた」。マクナブは、彼らの関心を引き付けられなかったことに落ち込んだ。

事態はさらに悪化した。ブレナンが口を挟み、そんなことはかつてなかったのだが、突然、会議の休憩を宣言した。ブレナンはマクナブに向かって、「ちょっと一緒に席を外そう」と言い、会議室の隣の小さな部屋に移動した。そこは、会議の説明者の待機する部屋だった。マクナブはそこで、ブレナンからの叱責の前に、取締役の関心を引けなかったことを謝ろうとした。するとブレナンはそれをさえぎり、こう言ってマクナブを驚かせた。

「ビル、今、君はバンガードの社長兼CEOに選ばれた。おめでとう！」

取締役会はまさにブレナンが話しているその時に、選任を正式に決議しているところだった。マクナブは仰天した。ブレナンは、マクナブより3歳年上でしかなく、脂が乗りきっている。マクナブはずっとブレナンの下で働き続けるつもりで、「ブレナンの行くところへはどこへでも付いていく」と公言していた。

マクナブは口を開いた。「本当ですか？」

ブレナンは、「ビル、私にとって、君にとって、そしてバンガードにとって、これが一番よい選択だ」と答えた。

CEO就任の最初の日、マクナブは同じビルのボーグルのもとへあいさつに行った。ボーグルは当時こう述べていた。「マクナブは思慮深い、いい奴だよ。迷惑をかけないように頑張るよ。もし問題を起こしたら、たぶんそうなることはたくさんあると思うけれど、彼と話し合おう」。しかしだからといって、業界の手数料やETFに対するボーグルの辛口の発言は止まらなかった。ボーグルは常に「バンガードの経営とは無関係の一個人」という立場を維持し続けた。

このあいさつの折、マクナブは最初の入社面接を思い出した。「ボーグルが私の履歴書を見てまずこう言った。『どうしてバンガードを受けに来たのか？　せっかくウォール街の大企業で働いているのに。我々は200億ドルを運用するだけの会社だ。250億ドルに成長するとは考えにくい』。それから1時間半、ボーグルはいかにウォール街のやり方が間違っているかをとうとうと述べた。家に帰ると、妻が『どうだった』と尋ねるので、私は、『手ごたえはよくわからない。私はほとんど話さなかった。だけど1つだけはっきりしたことは、どうしてもあの会社に入りたいということだ。あの会社の将来について、驚くほど明確なビジョンを聞いた』と答えた」

ボーグルがビジョンを作り、この会社を興し、基本理念と価値観を作り上げ、多くの人々が賛同した。そしてブレナンがボーグルの理念を具体化する近代的経営手法を確立した。その意味では、2人は補い合っていたと言える。マクナブは両者の下で働き、2人から多くを学び、そして最適な判断を心掛けるようになった。

マクナブはバンガードの401kビジネスを業界首位に成長させるために、営業力の強化とチームワークを確立するシンプルな戦略を取った。現場の営業担当者と個別に10分から15分程度会って、顧客対応について細かく質問し、グループ全体で情報を共有した。その結果、チーム全員がどうすれば効果が上がるか、そしてそれはなぜかをよく理解し、個々の課題に気づき、同僚のアイデアを参考にして対応するようになった。

リーマン・ショックとマクナブ体制のスタート

「ジャック・ブレナンは最高のタイミングで辞任した」と、マクナブは、自分の就任した時の厳しい環境を思い起こし、くすくす笑って言った。ブレナンの在任中は、株式市場は最長で最強の上げ相場だったが、マクナブが正式にCEOに就任した2008年8月31日の直後、市場はリーマン・ショックに見舞われた。

「この未曽有の難局を切り抜けることが、バンガードにとっても、もちろん私にとっても何よりの課題だった。会社にはリーマン・ブラザーズ関連の投資が全くなかったので、この危機からの脱出に大きな助けとなった。9月15日の月曜日、私がワシントンで400人の401kを運営する大企業のCEOを相手に、投資家は常に冷静に長期的観点を持つべきだ、と講演していたまさにその時、リーマン・ブラザーズが経営破綻した。聴衆の1人は、『こうして話している間に世界がメルトダウンしている』と言っていた。同じ頃、バンガードでは、ガス・ソーターがトレーディングデスクに陣取って奮闘していた。個人顧客の資産を守るために、絶え間なくかかってくる問い合わせの電話に応じるためだった」

事態の急変に備えて状況を確実に掌握するために、マクナブは主要幹部全員と毎朝、毎昼食時、毎夕の1日3回、3カ月間、顔を合わせるようにした。「その結果、もちろん社員の結束は強まった。我々はあらゆる機会をとらえて個々の顧客に直接会おうとした。分刻みのこともあった。ウェブサイトでも積極的に発信し、最初のアクセス数は5万件にも上り、飛躍的に増加した。CNBCやブルームバーグといった有力メディアも活用し、危機をうまく乗り越えることができた」

マクナブは後に、「この金融危機の間、ウォール街の金融機関は倒産の危機に瀕し、公的資金を受け入れたところもあった。バンガードは、社内の結束を固め、動揺する顧客に連絡を取り続けた」と振り返る。大手銀行や証券会社では何千人もの解雇が続いたが、マクナブは1人も解雇しないと決意した。「相場は暴落したが、事務処理量はそれほど減らなかった。しかし、受託資産額と利益は減少したので、投資信託の経費率を引き上げざるを得なかった。顧客はこの引き上げを受け入れてくれた。これらによって、新しい経営トップに対する社員の信頼が高まり、士気も向上した」

マクナブはこう話す。「社員たちが『このまま働き続けられるだろうか。解雇されるのではないか』と悩むと、顧客に丁寧に対応できなくなるだろうと我々は考えた。この危機の間のコスト削減は限られている。我々は、社員に前向きなメッセージを送ることが必要だと考え、『顧客第一だ。顧客のことだけを考えてほしい。この会社は大丈夫だ』と伝えた」[1]

マクナブは付け加えて、「基本理念に立ち返り、熱意を持って取り組もう。顧客の立場に立ち、顧客一人ひとりの投資成功のために全力を尽くそう。創業の精神を、世界の運用手法を一変させるという信念にまで高めよう」と述べた。

この金融危機が収まった後、彼は次のように振り返る。「あの金融危機によって、業界は根本的に変わったと感じた。我々には相互会社という組織形態と基本的価値観があるので、業界をリードするチャンスだと痛感した。そのためには、社員が自社の素晴らしさを十分理解する必要があった。社内で顧客第一の方針を徹底しなくてはならない。そこで、私は社員たちに、『投資家のために働く。それ以外はどうでもよい』と伝えた」

西海岸に向かう機中で、ビル・マクナブは会社の書類を次から次へと読み続けた。それを隣の乗客が眺めていることに彼は気づいた。

「熱心に働いていますね」とその乗客。「バンガードにお勤めですか」

「そうです」

「会社では何をされているのですか」

「状況によって、すべての仕事を少しずつ」

「私はバンガードで投資していて、おかげで世界一の投資家になった気分です。ほとんどの友人は、リーマン・ショックの時に売ってしまった。何かアドバイスはありますか」

「長期的に、分散投資することです」

　この話を披露してくれた後、マクナブは付け加えた。「金融危機の経験から、『退屈な投資』こそ役立つ、という教えのありがたみがよくわかった」[2]

　2008年10月、1日のアクセス数としては異例の10万人が「投資家の皆様のための努力」というバンガードのホームページに掲載された記事を閲覧した。マクナブとガス・ソーターは、今後の市場の回復を確信し、長期投資の重要性を強調した。それから半年も経たない翌年3月に、この金融危機は去り、株式相場は急騰した。

　数年前にバンガードの顧客数が急増した時、社員の増員が必要となったが、従来の採用方法では埋まらなかった。そこで、キャシー・ガバニッチは、ある解決策を思いついた。社員の紹介した人がバンガードに雇われた場合、その社員にボーナスを支給するのだ。名案だ！　バンガードの社員以上にバンガードが最高の職場だとわかっている人はいない。バンガードの価値観は、社員が最も理解している。もちろん紹介によるボーナスも魅力だが。このボーナスプランについては美しいパンフレットも用意され、グループ別の説明会も行われた。採用増の期待は高まったが、大きな変化は何も起こらなかった。その後、ボーナス増額が大々的に打ち出されたが、それでも社員の増員のためには何の効果もなかった。

「増額したボーナスでもまだ安すぎるのか。このプログラムに何か問題があるのか」。社員に直接尋ねたガバニッチはすぐに問題点を理解した。その1人は、「私は友人といるのも好きだし、バンガードで働くのも気に入っている。しかし、私が友人を紹介して彼らが不採用になれば、私は友人を失い、その上、会社での立場も悪くなる。数百ドルのボーナスのために友人を失い、バンガードでの評判を落とすなんて考えられない」と述べた。

フライホイール2・0

「Vanguarding（攻めと守りの先頭に立つ）」は、広告代理店の雑談の中から浮かんできたキャッチフレーズだ。誰かが、ホワイトボードに「Vanguard your money（あなたのお金を守り育てる先頭に立つ）」と書いた。“Vanguarding”への広告の転換は、ただちに行動に移された。これにより、宣伝広告費は前年の2000万ドルから5000万ドルへと急増したが、マクナブは、これは運用資産額に対する比率で見れば20年前からは劇的に低下していると強調した。ボーグルはもちろん、この支出額を「比率ではなく、金額そのものを議論すべきだ」と言って問題視した。バンガードの資産が9億ドルの時の経費率は0・30パーセントだったが、1兆4000億ドルに達した時の経費率は0・20パーセントだった。にもかかわらず、ボーグルは金額しか見なかった。ボーグルは、経費率が3分の2に低下したことは「規模の利益から見て」十分ではない、と主張した。

マクナブは当時をこう回想する。「私がCEOになった時、一瞬でも現状に満足することで、それがただちに会社全体に広がることを心配した。私は『今、何が問題か』とよく尋ねていた。実際、バンガードは個人向けインデックスファンド市場ではシェアを落としていた。ある週末、長期戦略について議論するために経営幹部と郊外でともに過ごしていた時のことだ」。マクナブは、ジム・コリンズの経営書で述べられている強力な戦略的経営の考え方を使って説明した。それは、バンガードのビジネス戦略を要約する上で、極めて有効なものだった。「フライホイール」とはすなわち「弾み車が動き出す時、慣性の影響で初めはゆっくりだが、徐々にスピードを増し、それからは自ら回転する」という考え方だ。マクナブは具体的に、「同様に、バンガードのフライホイールは、まず低コストファンドとして出発し、それが手数料の引き下げをもたらす。手数料の引き下げが顧客のリターン向上に寄与し、それがより多くの投資家からの多額の資金流入につながった結果、さらなる手数料の引き下げと資金流入という強力な好循環が定着する」と解説した。

マクナブは、「フライホイール」という言葉を全社員共通のスローガンとして打ち出し、これを5つの目標に集約し、「フライホイール2・0」として定着させた。「第一に、次世代商品とサービス開発に集中する。第二に、真のグローバル企業を目指す。第三に、コスト削減努力を続ける。第四に、サイバーセキュリティーや、変化する規制対応を含めたリスク管理に注力する。第五に、幹部には、最高のリーダーシップを求める。フライホイールを打ち出したバンガードは、今、大きな転機に立っているが、我々は、手を広げてあらゆる商品を提供するということはしないと決めた。例えば、シュワブ社のように銀行業に参入したりはしない。ブラックロックのようにプライベートエクイティ案件に投資するつもりもない」

そして、野心的な目標《ストレッチゴール》を、以下の4項目に数値化した。

- 90パーセントのアクティブファンドが、手数料控除後で、他社の同様なアクティブファンドに10年平均で勝つ
- 80パーセントのバンガード顧客から高い満足度評価を得て、知人にバンガード商品を推奨する「推進役」になってもらう
- 「積極的に働く」従業員の比率を90パーセント以上にする
- 平均経費率を0・20パーセントから0・10パーセントへと引き下げる。より安いコストでサービス価値を高めるための自動化が重要だ

「バンガードの現在の事業規模を考えると、経費は巨大な額だ」とマクナブ。1日の流入資産

は平均10億ドルを超える。「企業の使命を果たしていく上で、すべての投資家の利益になる新規事業開発のために、数億ドルの資金を投じる」

「**バンガードの中核的価値観は永続的だが、それをどのように実現するかは世代によって絶えず変えるべきだ。**顧客は今やバンガードのホームページをフィデリティやシュワブ社と比べるのではなく、グーグルやアマゾンといったテック企業と比較し、アクセスツールもｉＰａｄからｉＰｈｏｎｅへと変わりつつある」

マクナブは、投資アドバイスが顧客にとって大切だと考える。「株式市場が構造変化を遂げ、極めて効率的なものになったいま、バンガードは投資家が市場に勝つための手助けをするのは難しいが、投資家が長期的に適切な投資計画を立て、それを着実に実行し、大きなミスを犯さない、という目的については十分役に立てる」

マクナブのＣＥＯ在任中にサイバーセキュリティー問題が深刻になった。このセキュリティー問題は、顧客の資産と、自宅住所や社会保障番号など顧客の個人情報を守るために、これまでも優先課題だった。現代社会では残念なことに、とんでもない悪者が巨大金融機関のシステムに侵入し、重要情報を盗み出す動きが増えている。グローバル最高情報責任者のジョン・マーカントによると、バンガードには1日平均30万件のサイバー攻撃があり、外国の国家組織からの攻撃もしばしばある。それらはアメリカの金融システムの一部であるバンガードを混乱に陥れるつもりなのだろう。また、金銭詐取や身代金目的の組織犯罪によるものや「趣味で」侵入を試みるアマチュアのハッカーもいるという。

バンガードのシステムには何重にもめぐらされた複雑な防壁があり、攻撃の83パーセントは最初の防衛ラインで弾き飛ばす。95パーセントのアプリはそれぞれ独立して運営され、他のシステムとは切り離されているので、この意味でも防御態勢は強力だといえる。加えて、反撃の仕組みも持つ。相手は失敗しても攻撃能力を高めて再びやってくると、バンガードは考える。しかし、それには相当のコストがかかる。長期的には、この「改善」コストが膨れ上がる。企業にとって最良の防衛策は、他のどの会社より攻撃にコストがかかると思わせ、諦めさせ、他に向かわせることだ。

顧客の口座と個人情報を守るために、バンガードはオンライン上の「普段と違った動き」に目を光らせる。通常はビジネスアワーにアクセスする顧客が、早朝や深夜などの時間帯にアクセスしてきた場合、本当は本人ではないかもしれない。そうした懸念がある時は、バンガードは本人確認が終了するまで取引を遅らせ、最近では顧客の携帯電話にコード番号を送って確認する二重チェックの仕組みも導入している。

ビル・マクナブからティム・バックリーへ

アメリカ国外の投資家からのバンガードへの投資資産額は2015年時点で2440億ドル

に上り、2007年と比べると倍増した。その多くはインデックスファンド向けだ。「我々は外国に進出したが、真剣に顧客を開拓しようとはしていなかった」とマクナブは語る。「規制が厳しかったからだ。特にアジアはそうだった。多くの国の金融規則は、自国の銀行を投信販売業者として優遇するように作られていた」。しかし、徐々に変化は起きている。

バンガードの国外進出を支持する声もあり、マクナブは世界第2位の経済大国である中国市場に注目した。この国の総個人貯蓄額は8兆ドルを超えたと言われていた。2014年、中国規制当局は、本土と香港の間で公募ファンドの共通承認制度を導入した。つまり、香港で承認されたファンドは中国本土においても販売が可能となり、その反対も同様に可能ということだ。マクナブは、「中国のすべての有力金融機関と交渉している。中期的には我々は中国市場で最大の運用機関となると思う。しかし、現状では、中国本土に運用会社として直接参入はできない。過半以上の出資が可能でない合弁事業に参加するつもりはない」と述べる。最近の中国政府の香港に対する圧政的な政策は今後の見通しを複雑にしている。2021年3月、バンガードは中国での投資ファンド事業開始の計画を延期し、しばらくは投資アドバイス業務に専念すると発表した[3]。

その他の国々は外資に対してもう少し積極的だった。例えばマクナブは、イギリスについて、2006年に議論が始まった政府の金融商品販売改革（RDR）に基づき、2012年に、FAがアドバイスの対価として運用会社側からコミッションを直接受け取ることを禁じる規制が導入されたことを挙げる。「これによって、アドバイザーは、それまでの人気株推奨から、顧客の長期的なお金回りの計画や資産配分に対するアドバイスへと、重点を移すようになった。インデックスファンドへの注目も高まり、我々にとって強い追い風となった[4]」

「ＣＥＯにとって自分が重要だと考える企業変革を成し遂げるには、10年もあれば十分だ」。マクナブは自分の在任期間を考えて、こう話す。「10年経てば、その変革が達成されるか失敗に終わるかが明らかになるが、いずれにしても、本人にはもはやエネルギーがあまり残っていないだろう。しかもその時には組織内の抵抗も強まっているはずだ。ＣＥＯが代わることは、本人にとっても組織にとってもよい結果を生む。ＣＥＯの交代は、活気のある健全な組織を維持する上で大切だ」

２０１７年７月14日、バンガードは７年間で１兆ドルから４・４兆ドルに運用資産を急増させた。そして、明確な世代交代を示すために、60歳のマクナブのＣＥＯ職を、48歳のティム・バックリーが２０１８年１月１日付で引き継ぐと発表した。ニューヨーク・タイムズ紙のランドン・トーマス・ジュニアによれば、「バンガードはアメリカにおいて、最も団結力の強い会社だ。何しろ、ほとんどの経営幹部が何十年も本社ビルで働き続けている[5]」。言い換えると、ビル・マクナブの語るように、「個人として動いたことは一度もない。いつもチームプレーだった」。

第16章 ティム・バックリー

「お会いしたことはありませんが、父にバンガードを勧められました」

これはティム・バックリーがジャック・ブレナンに宛てた手紙の書き出しだ。その時、彼はハーバード大学の学生で、人を見る目に自信があり、一方、他人が自分をどう見るかを楽しんでいた。その例として、バックリーを初めて面接した後、ブレナンが「バンガードの未来の

CEOに、今出会った！」と、述べたことが挙げられる。

2度目の面接の時、バックリーは、フィラデルフィアの大手投資会社から好条件で内定をもらっている、と話した。2人とも交渉上手だったので、会話は和やかに弾んだ。タイミングをとらえて、バックリーは、「クック・アンド・ビーラー社からサマージョブ〔この場合は学生が夏休みに企業で働くこと。日本のインターンシップに相当する〕にぜひ来てくれと誘われています」と言った。ブレナンはにっこりして、バンガードでのサマージョブを提案し、そして5分以内に決めてくれと告げた。しばしの沈黙の後、バックリーは微笑みを返し、「やります」と伝えた。

モーティマー・バックリーは、ティムのニックネームで知られるが、1969年生まれで、母はマリリン、父モーティマー博士はマサチューセッツ総合病院の心臓外科部長だった。ティムは、大学で経済学を学んだ後にハーバード・ビジネス・スクールに進学し、そこで有名な投資運用クラスを取った。ある日のケーススタディーはバンガードについてだった。彼は夏休みにバンガードで働いていたので、静かにしていた。アンドレ・ペロルド教授のもとで、80人の学生がバンガードの強い競争力の要因について一つひとつ確認していった。低コスト運営と他に例を見ない相互会社方式が、より低い手数料を可能とし、その結果、さらなる資金流入をもたらす。それがさらに経費と手数料の引き下げを可能にする。他方、サービスの向上を通じて顧客の信頼を高める。これが好循環となり、投資信託業界のリーダーとしてのバンガードの地位を確固たるものにした。バンガードの企業文化とキャリアアップの機会は非常に魅力的で、そしてこの会社は、業界で頻繁に起こる買収や倒産のリスクがない。

「さて」とペロルドは90分のケーススタディーの議論が終わりに近づいてきた頃に口を開いた。「バンガードはアメリカの理想的な運用機関であり、業界のリーダーだ。また、オーストラリアのような規模の小さい市場においても地位を確立している。これは、低コスト、低手数料、信頼性の高い優良商品と品質の高い顧客サービスといった経営力を備えれば、海外でも通用する、ということだ。優れた経営者にとって腕を振るう余地は無限にある。すなわち、バンガードの将来性は極めて高く、今日集まっている諸君のような才能とやる気にあふれた若いプロにとって最高の職場と言える」。ペロルドは1人の学生の方を向いて、「フィル、君はどうかね?」と尋ねた。

「実際のところ、私は大手ヘッジファンドに決まっています」

「フィル、おめでとう。ナンシー、君は?」

「先週、プライベートエクイティの会社に」

「アリソンは?」

「独立系の投資銀行に決めました」

このコースではいつも議論の展開が速く、活発に意見が交わされてきた。そして、クラスの後でも学生たちが考え続けなければならないような、難しい質問や結論が出にくい問題が提起された。しかし、今回の終わり方は平凡だった。ペロルドは、「誰もバンガードに行かないのか」と言った。

バックリーは手を挙げた。「みんなも知っているように、これまで2回、バンガードでサマージョブをしたが、正式に入社する。まだ2分間残っているので、バンガードに決めた理由を話したい」。バックリーは静かに話し始めた。彼は、バンガードの価値観を知れば知るほどバンガードに引き付けられ、決意が固まった、と説明した。

彼が話し終わると、一瞬の静寂の後、教室は拍手に包まれた。

準備期間

ブレナンは将来の経営幹部となる人材には「身近な教育者」が必要だと考え、バックリーのために役割を決めた。バックリーは会社組織について学び、会社も、彼がリーダーにふさわしいことを確認するのに十分な時間がある。まず、1991年、バックリーはジャック・ボーグルのアシスタントに指名された。バンガードの基本的価値観を学ぶためと、ボーグルの信頼を勝ち取るためだ。1998年にバックリーは上級幹部となり、2001年にIT部門の最高責任者に任命された。この部門はバンガードの将来において中核となるもので、これまで同業他社に追い付くために奮闘してきた。同年、彼はグローバル投資委員会のメンバーとなり、2006年には個人投資家部門の責任者、2013年に最高投資責任者となった。リーダーとしての幅を広げるため、２０１１年から17年にかけてフィラデルフィアの小児病院の理事長を務めた。バンガードの主要部門と外部での経験を積み重ねる過程で、バックリーは取締役たちに対しても、社内全体に対しても、リーダーとしてふさわしいことを明確に示した。２０１７年に社長になり、翌年、ビル・マクナブの後任としてＣＥＯに就任した。

最初の1年、バックリーは意図的に「何もしなかった」。**主要幹部や将来を期待される若手幹部社員と個別面談を繰り返し、現在の能力と伸びしろを測り、親しい関係を築き、時間をかけて自分を理解してもらおうとした。**それが彼のリーダーとしての準備だった。

その1年が終わると、多様性と専門性を重視する観点から、彼は取締役の刷新に手をつけた。留任したのは、ゼロックスの副社長を務めたエマーソン・フルウッド、ペンシルベニア大学学長のエイミー・ガットマン、カミンズ社の元社長のジョゼフ・ラクリー、教授のペロルド、そして、コーニング社の社長を務めたピーター・ボラナキス。新任の取締役は、ノートルダム大学の元最高投資責任者で元副学長のスコット・マルパス、ガーディアン生命保険会長で前ＣＥＯディーナ・マリガン、元財務副長官で元ＦＲＢ理事のサラ・ラスキン、そしてＩＢＭのＣＦＯ兼副社長を務めたマーク・ラリッジだ。ラリッジは筆頭独立取締役となった。彼は独立取締役の定期会合を招集し、しばしば経営幹部の出席も求めた。バックリーはバンガードただ1人の社内取締役だったが、この会合に出席する時もあれば、しない時もあった。

こうして、取締役と執行側メンバーが一緒に仕事をする仕方が徐々に変わり始めた。かつては、経営陣は準備された議案の説明を行い、それに対し取締役はいくつか質問し、そこで納得のできる回答を得た上で、議案を承認していた。一方、バンガードの新方式では、取締役と執行部の間で無制限の活発な議論を行うことで、原案より優れた結論に達することができるようにした。特定の問題について、しばしば少人数の取締役で構成する小委員会を設け、個別の戦略テーマや新しいテクノロジーの導入、他企業との提携などといった課題を深く掘り下げて検討した。その結果、初期段階から取締役はバンガードの戦略に大きな影響を与えるようになった。

ハーバーベスト社との戦略的提携

「顧客サービスの質の一段の向上がおそらく期待できる。バンガードには投資、ITと顧客サービスなどの分野で、一流の社外取締役の専門性を生かしてきた長い歴史がある」とバックリーは説明する。バックリーのもとで、2つの業務提携が発表された。

プライベートエクイティ(PE)は、成長分野だが、バンガードはこれまで手をつけてこなかった。その理由は、流動性に欠けることや毎日の市場価格が存在しないこと、資本が長期に固定してしまうこと、運用会社の評価が難しいことだった。その方針を2020年に変更し、バンガードはPEとベンチャーキャピタル投資の戦略パートナーとして、ハーバーベスト・パートナーズ社を選んだ。ここでもまた、低コストが差別化の基準だった。まず、最低投資額が

2000万ドルの機関投資家向けファンドとしてスタートしたが、当初からいずれは幅広い投資家にも提供する計画だった。その後間もなく、個人投資家と資産家の「ファミリーオフィス」は200万ドルから投資できるようになった。この最初のバンガードとハーバーベスト社のファンドは大成功で、当初予定額の2倍近い売れ行きで締め切られ、引き続き、第2号ファンドも発売された。

バンガードとハーバーベスト社は保守的な運用で知られ、社員は現役の間働き続け、共に高い成長を続けてきた。35年間でハーバーベスト社は700億ドル以上の運用資産を積み上げ、600人の従業員と125人の投資のプロがヨーロッパ、アジア、そしてアメリカ大陸で働き、新規組成ファンドに400億ドル以上、既存ファンド買い取りに240億ドルをそれぞれ投じ、さらに170億ドルを事業会社へ直接投資し、業界での地位を確立していた。PE分野の多くの事業に進出し、深い経験を持ち、経営陣は何代もの世代交代を通じて強力な企業文化を形成して、PEとベンチャーキャピタル業界の一流投資ファンドに深く食い込んでいた。

実際問題として、ハーバーベスト社が業界で上位4分の1の成績のグループに入るには規模が大きすぎ、事業が分散しすぎているが、成績上位はこの会社の目標ではない。それは、バンガードも同じだ。ハーバーベスト社の目標は、PE事業全体をカバーし、着実に平均以上の成績を目指すことだ。そして、世界中の年金や保険など、さまざまな機関投資家と、さまざまな分野のPEファンドと長期的信頼関係を構築することにあった。

バンガードにとって、この戦略的提携は攻めと守りの両面を併せ持っていた。機関投資家と富裕層は、PE投資への配分を増やしていた。PEがないことが原因で既存の大手顧客がバンガードから離れるのを、この提携により食い止められる。ハーバーベスト社にとっては、バンガードの顧客から多額の投資資金を手に入れられる。

この提携は、世界の市場において、投資の時期、手法、種類について幅広く分散することで、長期的に平均以上の成績を上げることが期待される。PE投資は、なかなか難しい。ファンド間の成績の格差は驚くほど大きく、しかも成績トップクラスのファンドは一般に新規投資家を受け付けない。優良新ファンドへの投資は容易ではない。**PEファンド投資家の長期的成功には、優良ファンドを見いだすことが必要不可欠だ。**

もう1つの長期的成功への条件は、適切な価格で企業投資をしているファンドに投資することだ。過去の成績のよいファンドには膨大な資金が流入してきた。その結果、2021年初めの時点でPEファンドが今後の投資のために投資家と契約して準備した金額は、8410億ドルに上った。[1] アメリカ投資協議会のリポートによると、過去10年間でPE投資全体の平均リターンは14・2パーセントで、S&P500の13・7パーセントをわずか0・5パーセント上回るだけだった。[2] この0・5パーセントの差は、投資家が流動性を放棄し、10年以上も資金を固定させる対価としては決して大きいとは言えない。

インフォシス社との業務提携

ITは一般にコスト削減の有力な手段となる。そして、バンガードは常にさらなるコスト削減の機会を模索している。2020年6月、バンガードは新たにインフォシス社との重要な業務提携を発表した。これはクラウドシステムを用いて、1500の確定拠出年金を管理するバンガードの業界首位ビジネスの記録管理業務を委託するものだ。

本社をインドに置き、アメリカで広範な業務を展開しているインフォシス社は、40年近くにわたり、46カ国の企業を対象にデジタル化のアドバイスをしてきた。この会社は、人工知能（AI）を大規模に活用すると同時に、大幅なコスト削減を実現させていた。この提携により、バンガードの機関投資家部門の責任者だったマーサ・キングをはじめとする社員約1300人が、バンガードの3つのオフィスから近くのインフォシス社のオフィスへと移った。バックリーの言葉を借りれば、「インフォシス社との提携は年金産業の改革に大いに役立つだろう」ということだ。

インフォシス社の社長モヒット・ジョシは、「我々のクラウドを基盤とするシステムは、この業界の新基準となるだろう。最新デジタル技術を使い、確定拠出年金の運営企業と加入者の使い勝手をよくしようと努力している。この提携で、約500万人の年金加入者と1500の事業主（企業）の記録管理にクラウドシステムが使われることになる」と述べる。

インフォシス社は多くの大手金融サービス会社を顧客に持ち、そこには年金の制度設計や運営管理などの業務を行うアメリカのトップ20の金融機関などの半数以上も含まれている。バンガロールにある本社を訪れた人は、豊かな芝生に囲まれた、大手顧客の名前を冠したビルで専門技術者が働いているのを見て、感動する。例えば、ゴールドマン・サックス、モルガン・スタンレー、UBS、アメリカン・エキスプレス、ビザなどだ。1981年にわずか250ドルで設立されたインフォシス社は、2020年に売上高は135億ドル、株式時価総額は800億ドルを超えた。

バンガードが年金記録管理業務の外注を決めた理由は2つある。第一は、もし大規模な業務改革を自前で実行すれば、とてつもない時間と労力が必要となる。この時間と労力は他の優先課題に振り向けるべきだと考えたからだ。第二に、インフォシス社の高度なクラウドシステムを活用すれば、バンガードはすぐに業界の最先端に躍り出ることが可能になる。

コスト削減を続ける中で、2021年10月、バンガードはあるミスを犯した。社員からの即刻のクレームで、ティム・バックリーは発表した決定を取り下げた。それは、会社負担の医療費補助を終わらせるというものだった。それまでは、40歳になるとすべての社員が、年に5500ドルまで、そして配偶者はその半額まで、会社の医療費補助を受けられた。50歳以上の退職した社員も、過去に10年以上バンガードで働いていれば、健康保険料の75パーセントを会社が負担していた。それに対し、バンガードは対象者に1度に限り4万ドルを支給し、この優遇制度を廃止しようとしたのだ。[3]
しかし、4日後、バックリーは、電子メールと動画を現役社員と退職者に送り、「我々の判断は間違っていた」と認めた。そして「従来の退職者への制度は、すでに退職した全員と2022年末までに退職するすべての社員に適用する。それ以外の社員の上限医療費補助額は、これまで獲得した水準で固定する」とした。

ティム・バックリーのリーダーシップの一環として進められている最近のバンガードの変革は、会社が提案するサービスを、低コストで個人投資家の判断に任せた投資商品から、顧客ニーズに合わせた投資アドバイスへ転換することだ。このサービスは、AIなどの高度なIT技術が支えになる。バックリーたちは投資アドバイスに傾斜することで、バンガードを根本的に改革し、投資業界に大きな影響を与え、投資家にも恩恵をもたらすだろう。

Ⅳ

業界をリードする技術革新

第17章 投資アドバイス

CEOティム・バックリーにとって、投資アドバイス業務の推進は最優先課題で、ヒト、モノ、カネをこの業務のための最先端IT投資に振り向けた。それはすべて極めてタイムリーだった。

実際のところ、他社同様、バンガードも投資アドバイス業務の重要性に気づくのが遅れた。

この遅れの理由の1つには、この会社の歴史的背景がある。設立初期の「仕事を誠実に行っていれば、自然と顧客はついてくる」時代においては、低い手数料を看板にして、何に投資するかは顧客の判断に任せていた。投資アドバイス業務は顧客ごとに対応するので、手間がかかり、そして人件費も高くなる。しかも規模の拡大によるコスト低下も望めない。そのため、事業としてアドバイスを提供することには消極的だった。

バンガードの顧客層の所得水準は平均レベルなので、大手他社と比較してサービスの種類は少なく、価格も抑えられている。例えば、フィデリティには超富裕層のための無料の専用ダイヤルがあり、専任担当者に直接つながる。さらに重要なことに、専任担当者は、投資だけではなく、顧客ニーズに合わせた保険の提案もできる高い専門性を持つ。

投資アドバイスの第一歩として、バンガードは1993年に顧客に退職後の家計プラン作りのパソコンソフトを提供した。さらに1年後、ライフストラテジー・ファンドというファンド・オブ・ファンズ〔複数の投資信託を組み入れて運用する投資信託〕を始めた。これは、配当重視、保守的、中間、成長のファンドを組み入れたものだ。しかし、「誰にでも合う」ファンドは、資産、何歳まで生きると考えるか、市場リスクをどのくらい取るかなど、人によってさまざまな事情を考慮に入れていない。

ジャック・ボーグルもジャック・ブレナンも、個人向けアドバイス事業の推進は考えもしなかった。しかし、ITの進展とともに、ビル・マクナブがこのアドバイス業務の提供に注目し、そしてティム・バックリーが本腰を入れた。後にブレナンは、もっと早くやればよかったと言っている。

個々の顧客へのアドバイスについて、ウォーレン・バフェットは「シンプルだが簡単ではない」と言う。まず、顧客の価値観に基づいた現実的目標を設定する。「定年後に備えて」といったあいまいなことでは、明確な目標設定はできない。「もっとリスクを取る」とか「リスクを抑える」では、幅がありすぎて数値化できない。次に、その目標達成のための時間を決める。そうすれば、目標額と時間からいつまでに貯めるかが明確になり、そして毎月いくら貯蓄すればよいかもわかる。ここまでは、「シンプル」だ。しかし、それから、大きく動く相場の中で顧客が計画通り貯蓄を続けるのをサポートするのは「簡単ではない」。

確定給付年金から確定拠出年金401kへの移行は、個々の企業の運用専任スタッフの責任だったものが、すべて個人が責任を負うことになる、ということだ。多くの人は、複雑な投資の勉強をする時間も、専門知識も、興味もない、にもかかわらずだ。また、多くの人は、長期投資について合理的な決定を下し続けるために必要な冷静さも持ち合わせていない。一方、大半の大手金融機関が提供する「アドバイス」は、価格が高いか、品質がよくないか、またはその両方で、サービスや商品を買わせることを目的にしている。だから、「アドバイス」というオブラートに包む。

ライフストラテジー・ファンドや後に発売されたターゲット・リタイアメント・ファンドといったバンガードのアドバイス込みの商品は、低コストで節税効果のあるファンドやETFを使った長期投資プログラムだ。多くの人は投資に詳しくないので、信頼できる投資の専門家から適切なアドバイスを継続的に得られれば、自分で行うよりずっとうまくいく。それは、次のような投資の厳しい現実があるからだ。

投資の厳しい現実

- 行動経済学者によると、80パーセントの人は、投資で平均以上の成績を出せると考えるという
- 多くの人は投資プランを頭で考えるだけで、文書化しない
- 62歳で年金を受け取れるが、70歳まで繰り下げればいくら増えるのか知らない。受け取り開始を8年間遅らせると、年金の受給額は76パーセント増える[1]
- 多くの人は、投資運用手数料は安いと思っている
- 投資リターンを計算する時、インフレの影響を忘れている
- 株が急落すると売りたくなり、急騰すると買いたくなる。値下がりして「セール中」になった時には買わず、値上がりすると買いたくなるのは株式だけだ
- 資産配分を決める時、多くの人は、自分が20歳代から80歳代になるまでの超長期にわたる投資家だということを忘れる
- 多くの人は、投資信託のリターンの20~30パーセントを「凡ミス」によって失っている

1960年代から70年代にかけて、「市場に勝つ」ことが投資家の主目的だった。今日の市場状況とはかなり異なり、アクティブ運用、すなわち銘柄選択をすることが、リターン向上のために賢い方法だと考えられていた。さらに、投資家が「成績のよい」運用機関を求めるようになったため、手数料が上昇し、ついには2倍以上になった。

しかし、高性能のコンピューターを駆使した投資信託やヘッジファンドなどは、「並の成績」の運用機関を駆逐していった。

これまでうまくいったからといって、今日もうまくいくわけではないと、楽観的な方は肝に銘じるべきだ。逆風下のアクティブ運用が将来、超長期で再び投資家の期待に応えるようになることは、あり得ない。

第7章で述べたように、バンガードのアクティブ運用の主な付加価値は、顧客にさらに損をさせないことだ。多くの他社のアクティブマネジャーより勝っている、バンガードの経験豊富で熟練した「マネジャーの中のマネジャー」たちでさえ、平均してベンチマークのインデックスを上回っていない。アクティブ運用が今後、市場に勝つ見込みは薄いため、個別の事情に対応した賢明なアドバイスは、長期投資で成功したいと思う投資家には最良のものだ。

バンガードのアドバイス業務は次のような2つの異なる提案をすることで成功した。

- 低コストを好む顧客には、使い勝手のよいライフストラテジー・ファンドを提供し、これにより顧客は自分で自信を持って決定を下す
- アドバイスを求める顧客には、資産、年齢、収入、その他の事情に合わせて、サービスを提供する

ライフストラテジー・ファンドの発売当初からの手数料は、競合他社の3分の1と低かった。投資配分も異なり、どの年齢層向けのファンドにも他社より10パーセント多く株式が入り、そのうちの5パーセントは海外株だった。株式比率を高くした結果、短期的な振れ幅が大きくなるが、長期的な成長が見込まれる。人気のおかげで、年齢階層別ファンドでも他社に追い付いた。3年後の1997年、その運用資産額は第3位となった。

2003年、バンガードは退職後に向けたターゲット・リタイアメント・ファンドを導入した。このファンドは、投資家が65歳になる時を目標に設定されている。投資家の年齢に従って、年月をかけて、資産配分が株式インデックスファンドから、債券インデックスファンドおよび現金へと転換する。例えば40歳の投資家は、株式60パーセント・債券40パーセントのポートフォリオとし、50歳になると株式と債券の割合が50パーセントずつ、70歳では株式30パーセント・債券70パーセントの組み合わせを推奨する。そうすることで、予測可能な加齢による収

入の減少を補うのに役立つ。

これらの計算は、インフレや、自宅あるいは年金といった他の資産の保有状況、65歳になっても働くといった要素を考慮していない（第19章参照）。また、株式市場について学び、不安を取り除くセミナーによる効果も考慮していない。しかし、ターゲット・リタイアメント・ファンドは多くの人にとってわかりやすく、面倒な毎年の管理もしなくて済む。この管理とは、例えば株価と債券の価格変動により資産配分率が変わるのでそれに従ってリバランスをするか、それとも元のプランのままにするかといった決定だ。

業界ではターゲット・デート・ファンド〔退職日など特定の目標期日に向けて株式などリスク資産の比率を減らしていくファンド〕と呼ばれるこうしたファンドは、もともと拠出金をどのように運用してよいかわからない４０１ｋ加入者のための「一般的」な投資プランとして始まったものだ。多くの４０１ｋ加入者は、短期運用のＭＭＦに投資していた。しかし、これは普通預金の代わりとしてはよいが、長期投資である退職後のためのファンドにはふさわしくない。「万人向け」のこのターゲット・デート・ファンドは個々の事情にはぴったりと合わないかもしれないが、普通預金やＭＭＦと比べるとかなりよい。

新しいアドバイス業務

バンガードは１９９６年に個人向けの投資アドバイスとファイナンシャルプランニングの業務を始めた。ジャック・ブレナンは当時、「我々はようやく、個人投資家や退職プラン参加者、独立系ファイナンシャルプランナー（ＦＰ）に向けたサービスを始める。こうした人たちから、個人向け投資プランの重要ポイントについて相談したいと、長年求められていた」と語っている。

新商品の「バンガード個人向けアドバイスサービス」の強みは、優秀なバンガードの投資カウンセラーの存在だった。彼らは顧客に、投資目的や必要な支出、リスク許容度を含む個別の状況を質問する。それから、最大10ファンドまでに限って、ファンドへの分散投資を決める。アドバイスを継続する場合の手数料は年に最大０・５パーセントだが、積立額が50万ドルを超える顧客は割引を受けられる。投資プランサービスには、１度だけ投資資産と資産分散を見直し、そして適切なファンドを勧める、というものもある。また、退職プランニングは退職に備えて必要となる金額を細かく分析し、資産プランニングは相続税や贈与税の節税を目指す。「バンガード個人信託サービス」では、さまざまなタイプの信託を駆使し、質の高いサービスを提供した。

ブレナンはコストの低さを力説し、「我々は、『お値段以上』のサービスを提供している」「フルサービスを提供するＦＰと競争するつもりもない」と語る。「ＦＰが対面であらゆるサービスを提供する旧来のファンドではなく、我々は電話で手軽にファンドを紹介する」

バンガードはさらに、新たなアドバイス業務も始めた。１９９８年、４０１ｋ加入者のために、対話型の退職プラン作成ソフトを導入した。その3年後、ノーベル賞受賞者ウィリアム・

シャープのファイナンシャル・エンジンズ社と提携し、10万ドル以上の投資資産を持つ顧客にはオンライン資産運用管理サービスを無料で提供した。バンガードは2006年に、アドバイスサービスをシンプルにして、バンガード・ファイナンシャル・プランニング（VFP）と名づけた。これは投資額10万ドル以上の顧客のためのサービスで、上級資格のFP（CFP）が作成した10～20ページからなるプランだ。

続いて、個人向け「バンガード資産運用サービス」を始めた。これは、継続的に資産計画・管理、信託への助言サービスを提供し、顧客の資産の増加だけでなく、将来の資産保全にまで目を配るものだった。アドバイザーは、顧客の目標と投資志向に合わせて手助けする。このサービスでは、資産運用の専門家が一人ひとりに合った解決法を示すが、最低投資額は個人で50万ドル、団体などで100万ドルで、バンガードの基準からすると最低投資額も手数料も高かった。年間手数料は預かり資産高により異なるが、最低でも4500ドルだった。

2015年4月、昔ながらの対面式と、ウェブでのアドバイスを併用し、段階的に目標達成を計算するアルゴリズムを用いた投資助言サービスを、カリン・リジの指揮の下で立ち上げた。この「バンガード・パーソナル・アドバイザー・サービス（PAS）」では、バンガードの商品による運用のみとし、特にインデックスファンドとETFを推奨した。手数料は、資産全体の0・3パーセントにとどめ、資産500万ドル以上の顧客にはさらに値引きされた。最近になってバンガードは、このPASの投資アドバイザースタッフを300人から1000人に増やし、彼らに定額の給料とボーナスも支払い、また、1億ドルを投じてホームページを拡充した。リジは「なぜ、個人顧客を失ったかを分析したところ、適切なアドバイスを提供していないからであることがわかった。今のアドバイス事業を改善するだけでは不十分との結論に達し、これまでのものをやめ、全く新しいものを作ることにした」と述べる。

彼女は続ける。「テクノロジーを用いれば、より低価格で、より多くの人へ、より多くのアドバイスを提供することが可能になる。投資家は、適切なアドバイスを得られれば、結婚や家の購入などの大切な人生の転機においても安心できる。また、退職後の貯蓄と収入の減少が心配な人には、超低コストでサービスを提供する。手数料決定にあたって、業界で一般的な1パーセントは避けたかった。投資家を集めて議論してもらうなどの市場調査を重ねた結果、顧客は0・25〜0・40パーセントなら払うだろう、と考えた。そこで0・3パーセントを目指すことにした」

個人的魅力や信頼関係、そして多くのサービスにもとづく高価格の「労働集約」モデルは、量が拡大するとコストも増える。しかし、テクノロジーを活用すれば、規模を大きくしても経費は増えないので、コストを下げられ、そして手数料を下げられる。現実にアドバイス料は下がってきている。

リジのグループは6500人の人員を抱え、そのうちの1000人はCFPで、このCFPの3分の2はバンガードの他の部門から移ってきたメンバーだ。残りの人たちは元公認投資助言者（RIA）で、それまでの新規口座開設の仕事に満足していなかった。だが今は、長期投資計画の策定についてアドバイスすることに充実感を得ている。

個々の顧客へのアドバイスは、顧客から細かく要望を聞かなくても決めることができるとバンガードは考え、アドバイザーは、顧客に段階ごとに丁寧に説明し、それに沿って顧客が適切な行動が取れるように助言する。

ETFとインデックスファンドに対する需要の増加は、FAのおかげだ。それは、手数料が低く、管理が容易だからだ。既存の顧客だけでなく、リジのグループは3つの主たる販売ルート、すなわちRIA、エドワード・ジョーンズ社のような地域証券会社、そして、JPモルガン・チェースといった全国的な金融機関などの外部アドバイザーに力を入れている。

RIAとの関係については、トム・ランプッラが指揮を執るファイナンシャル・アドバイス・サービシズ（FAS）がRIAや全国規模で展開する金融仲介業者に働きかけ、個人投資家に低コストのETFを低コストのアドバイスで提供するのをサポートしている。これは、市場に勝とうとして旧来行ってきた手法はうまくいっていないとRIAが認識してきたからだ。FASは、アドバイザーに対して、アクティブ運用を勧めないように、そして、その人に合った長期投資計画と「投資アドバイス」などに軸足を移すように、と助言した。

バンガードの営業部員は、1000社を超えるアメリカ中のFA会社を訪問する。この1000社の顧客の投資資産は合計で3兆ドルに達しているという。他社と比べてバンガードのETFと投資信託の手数料がとても低いため、FAはその分、自分の手取り分を多く残しておける。バンガードの人気が高まるにつれ、特にETFについて、バンガードがよいと思う人が増えている。FAは自社の名前でバンガードのITシステムを使うことを許されており、それにより収入増加につなげられる。

バンガードの投資アドバイス事業への取り組みは、2021年7月、初めての買収につながった。買収したジャスト・インベスト社は、RIAが「ダイレクト・インデックス・ポートフォリオ」を設計するのを支援する事業を行う、まだ新しい会社だ。このダイレクト・インデックス・ポートフォリオは、石油会社などを除外するESG（環境・社会・企業統治）投資といった特定のポートフォリオを好む個人向けに、インデックス投資を投資家単位でカスタマイズするものだ。この市場は注目を浴びてきており、2020年終わり頃にかけて、ブラックロックはダイレクト・インデックスの開発・運用会社のアペリオ社を10億5000万ドルで買収した。バンガードはまだ何も公表していないが、バンガード自体が個人向けに提供するのも技術的には可能だ。

顧客の収益を増やすRIAの投資アドバイス業務には、個々の顧客との信頼関係を築き、問題解決策を考えることが重要となる。個々の顧客の「お金の難問」の解決には、さまざまな複雑な問題が絡み合っている。例えば、何年後にその資金は必要となるか、今後の収入と蓄え、今後の投資リターン、退職はいつか、医療や介護費用の見込み、慈善事業への寄付、退職後の資産運用リターン、適切な資産取り崩しはどうするか、などだ。こうした問題は、人間が解決するのは困難だが、進化したコンピューターシステムを使えば、複雑な計算を低コストで繰り返して、解決策を見いだしてくれる。

これをチャンスととらえ、バンガードは何百万人もの個人投資家と多くのFAのために、ITを用いたアドバイス事業発展のリーダーとなることを目指す。投資アドバイス分野を最重要戦略とすることで、バンガードはCEOティム・バックリーのもと、個人投資家向け資産運用業界トップの地位を堅持しようとしている。

第18章

規制対応と議決権行使

バンガードの最高法務責任者だったヘイディ・スタムは長年、証券取引委員会（SEC）との問題を抱えていた。SECの職員や委員は、バンガードの顧客への公正な態度、顧客との誠実な対話や手数料の引き下げを評価していたが、バンガードの新規事業を必ずしも認めるわけではなかった。相互会社であるバンガードに認めると、それが株式会社形式の同業他社にもそのまま認める前例になりかねないからだ。「バンガードは投資家中心の経営で、その方針はＳＥＣの投資家保護政策と合致している」と、スタムは話す。「問題は、業界の先端を行き過ぎていることだ」

スタムは最高法務責任者として、バンガードが規制上の問題や訴訟を避けるために、「将来を見据えた」アドバイスをする責任があった。それには、わかりやすく正しいことを行うしかない。ＳＥＣやその他の監督当局の理解を得るためには、彼らを「敵に回してはならない。規制当局と我々の目指すものは同じ。すなわち、投資家のために最善を目指すことだから」とスタムはアドバイスしていた。

バンガードは、時間をかけて、規制当局の支持を得る次のような方法を見いだした。

- ＳＥＣ委員長アーサー・レビットは、投資信託の法定目論見書から投資家は十分な情報を得ていないことを懸念し、１９９７年、これを検証するために、業界のメンバーを集めた。その長文の目論見書案は当然のもので、完璧だった。ＳＥＣは、簡潔でわかりやすい４ページの要約版も提示した。
- 率直な話し合いを重ね、バンガードは経費内訳表と、読む人が重要な項目に注目するように「四角で囲った」表示を用いるなど、わかりやすい表現に努めた。
- 規制当局はファンド会社に対し、取締役会において独立取締役が絶対多数であるべきだとのガバナンスルールを要求した。バンガードの社内からの取締役は、その時すでに取締役会の中に1人か2人しかいなかった。

- バンガードの手数料引き下げ施策により他社も追随し、投資家全体として何十億ドルもの節約となっている。

「SECは新ルール導入に際して、その効果を計るために、バンガードに検査に入ることが多い。誠実に対応しているとわかっているからだ」とスタムは語る。「バンガードで19年間働いているが、我々が支払った金融取引業規制機構(FINRA)〔アメリカの金融業の自主規制機関〕関連の課徴金はわずか1万5000ドルだ。その対象は些細な技術的問題だった。他社は毎年多額の課徴金のための予算まで確保しており、必要経費と考えているようだ。真の違いは経営姿勢にある。バンガードが課徴金を課せられた時、みんなガックリきた。経営陣は課徴金を重大に受け止めた。その時の社内の反応は、『これは、バンガードらしくない』というものだった」

コンプライアンスチームは新商品の販売にあたって、初期段階から参画し、課題を検討する。バンガードは早くから、何百万人もの顧客に、重要情報を対話方式のウェブで開示していた。

スタムにとって2009年は思い出深い年だった。金融危機の間、規制当局はすべてのMMFについて、リスクの高い証券に投資していないか調査した。その結果、MMFは比較的安全とされているにもかかわらず、CDO（仕組み証券の一種）や信用度の低い住宅ローン担保証券（住宅ローンを証券化したもの）で運用しているものが見つかり、問題になった。MMFはバンガードにとって大きな事業だった。しかし、バンガードのMMFにはCDOなどは全く含まれていなかった。債券部門の責任者が、マネー・マーケット（短期金融市場）危機の現状について説明するため、取締役会に呼ばれ、ある取締役にこう尋ねられた。「バンガードのファンドがこうした証券を持っていないのはなぜだ?」。その責任者は、**「そうした証券のことがよくわからないので、買いませんでした。自分が理解できないものは買いません」**と答えた。

突然の内部監査

2003年のある夜、スタムは1日がかりの法務部門との研修プログラムの後、1通の電子メールを受け取った。ニューヨーク州司法長官エリオット・スピッツァーが記者会見を開き、投資信託会社に対して大掛かりな捜査を行うと発表したことを知らせるものだった。「宣伝部にあるテレビを見に走った」ことをスタムは思い出す。「テレビでは、この捜査は大手投資信託会社において広く行われている取引の実態を暴くもので、バンガードも含まれる、とスピッツァーは主張していた。バンガードの価値観とは全く逆であり、あり得ないことだ。長期投資家保護のため、過度に資金が流入するファンドは新規受け入れを停止し、リターンを損なう短期資金は断り、償還手数料を課すなどの手を打ってきていた」

スピッツァーの捜査の争点は違法な取引タイミングに関する2点だった。1つは、あるヘッジファンドから他のビジネスでメリットを受ける代わりに、相手に有利なタイミングで取引すること。もう1つは、取引を遅らせること。ヘッジファンドの取引を午後4時以降に行うにもかかわらず、価格は4時時点のものにするといったことだ。

9月のその日が、その後の緊迫の数カ月間の始まりだった。スピッツァーとその後すぐにSECが続いて各社を召喚し始めたので、スタムは、バンガードは早く手を打たなければならないと思った。すべての投資信託会社がターゲットだったが、記者会見でバンガードの名前が挙がったことがスタムの心をざわつかせていた。スピッツァーにはバンガードを名指しにする理由があるはずだ。

内部監査の責任者と法務部の企業・訴訟担当の責任者、そして証券規制チームのスタムは、スピッツァーやSECより前に問題を見つけなければならない。見つけられれば、規制当局が来る前に、その問題を解決できると考えた。「我々は毎日何回も集まって協議した」とスタムは思い起こす。「我々は会社全体をひっくり返し、揺さぶり、何か落ちてこないかと調べた。内部監査グループは何か悪事はなかったかと徹底的に調べた。法務部は召喚に備え、1つはニューヨーク州当局向け、もう1つはSEC向けの2通の数百ページにわたる書類を準備した。証券規制チームはすべての取引がルール通りに行われていたかを点検し、顧客に直接接している社員やポートフォリオマネジャーに確認した」。バンガードのすべての社内弁護士はスピッツァーの主張につながる可能性がある電子メールがないか、夜遅くまで見直した。

個人営業のある担当者から部門責任者宛てに不審な質問が持ち込まれていた。見込み客のヘッジファンドが、バンガードでの多額の投資を希望し、今後さらに投資を拡大する条件として、バンガードの規定以上の頻繁な売買取引は可能かとの照会だった。個人部門の責任者はこの怪しいメールを受け取るとすぐに当時の最高投資責任者ガス・ソーターに転送した。「ガス、このメール、どう思う?」。彼は、「あり得ない。これを受け入れることは絶対にない。他の投資家に対する冒とくだ」と述べた。

スタムは大喜びした。確かな反証をつかんだからだ。バンガードは、メールのやり取りを証拠として召喚状に対する回答を取りまとめた。その後、ニューヨーク州司法長官からもSECからも何の音沙汰もなかった。スピッツァーからの謝罪もなかった。売買取引スキャンダルの情報源はどうやら、バンガードを「そうした金融機関の1つ」として言及していたようだ。そのヘッジファンドはバンガードに入り込もうとしたが、バンガードは跳ねのけたのだった。

スタムは嬉しそうに思い返す。「あの日は我々にとって最高の日だった。営業の担当者はあの質問が怪しいとにらみ、その誘いに乗るほど売り上げ至上主義ではなかった。部門責任者も照会内容に問題があることをすぐに察知した。そして最高投資責任者は運用資産を増やすことよりも投資家に対する受託者責任を重視した」

ガバナンス評価の4原則と10項目の評価基準

バンガードは、株主として優れたガバナンスの実現に向けてアクティブな役割を果たしている。ある大企業の株主総会の議決権行使が締め切られる30分前に、その会社のCEOから緊急の電話がかかってきたことがある。「うちの取締役候補たちに反対票を投じるなんて、なんということだ！　それによって、そちらはどんな利益があるのか。だってインデックスなんだろう？」。その会社は長年ガバナンス基準に達していないので、バンガードは取締役たちの再任に反対票を投じたのだった。バンガードは自社の投資家株主に代わって長期大株主としての役割を担っている。

株主総会での議決権行使やバンガードの対外的発言は、大企業の経営陣にガバナンスの向上を求めるものだ。バンガードは議決権行使の内容を公開するが、率直な対話ができるように企業との個別の対話内容は公開しない。重要なのは、上場企業全体としての平均を少しずつでも上げることだ。

例えば、ジャック・ブレナンは、バンガードのファンドが株式を保有する大企業のCEOに向けてコーポレートガバナンスについての手紙を書いた。その内容は、よいガバナンスが株主に対して長期的に十分なリターンをもたらすと考える、というものだった。バンガードは企業に受け入れられるガバナンス向上を模索し、関心のある企業と議論を重ね、そのガバナンス方針と議決権行使の結果を公表する。

議決権行使に関連し、バンガードにはガバナンス評価の4つの基本原則がある。

●取締役会の構成　優れたガバナンスには優れた取締役が必須だ。その取締役は、すべての株主の利益を代表し、会社とは独立した関係で、能力があり、十分な経験があることが重要だと我々は考える。また、考え方や出身、経験、そして特性が多様であること（ジェンダー、人種、年齢など）も。そして、株主利益の実現に効果的に貢献できることが重要だ。

●ガバナンスの構造　ガバナンスの構造が大切だと考える。株主の権利を強め、取締役会と経営陣が説明責任を果たせるように十分に組織化されていなければならない。株主が、ガバナンスや会社規定に基づき、取締役に必要な説明を求められるようにすべきだ。その中には、取締役は毎年の株主総会に立候補し、新任でも再任でも過半数の票を得なくてはならないという条項も含める必要がある。

●リスク管理と経営戦略の監督　取締役会は、その企業の重要なリスク管理と長期戦略に対し、監督責任がある。取締役会は、長期的に企業価値に影響を及ぼす可能性のあるリスクを明記し、査定し、軽減し、公表すべきだ。取締役会は、その企業の長期戦略の方向性とその目標達成過程を協議し、監督する責任がある。

●経営陣の報酬　業績に応じた報酬を支払うことは、長期的企業価値向上の基本的条件である。取締役会は、同業他社比較で適切で、かつ業績向上を促すような報酬体系を整備すべきだ。そして、この体系と結果を公表する必要がある。

バンガードはウェブ上にこのコーポレートガバナンス政策を公開している。

バンガードは総会議案への具体的な議決権行使にあたり、株式報酬制度などの実例を挙げて、次の10項目の評価基準を提示している。

賛成する議案

- 企業が、経営陣に最低限の株式保有を要請するもの（多くの場合、年収の何倍という形で示される）
- 株式報酬について、企業が役職員に対し一定期間の保有を義務づけるもの
- 報酬制度において、業績にリンクしたストックオプション制度を導入するもの
- 報酬体系が、経営陣に対して株式報酬に限定することなく多様であるもの
- 株式報酬部分は、市場において遜色ない報酬を維持するために現金報酬を補完するものとして位置づけるもの

反対する議案

- 株式報酬などによるものも含む潜在的な株式希薄化が、発行済み株式数の15パーセントを

超えるもの
●毎年の株式報酬が発行済み株式数の2パーセントを超えるもの
●株主総会の承認なしに、ストックオプションの価格などを変更するもの
●ストックオプション制度において、オプション行使後に新たなオプション設定を認めるもの
●ストックオプション制度において、オプション用の株式を自動補充するもの

バンガードのガバナンス方針

バンガードのガバナンス方針は複雑で、業界や企業によっても異なり、それを外部から理解するのは難しい。しかし、投資先企業の取締役が能力も経験も豊富で、企業は重要情報を提供し、また経営陣が取締役会の監督責任を理解し尊重するならば、取締役会の監督機能が働くはずだ。近年、次のような進展が見られる。S&P500採用企業で、2014年の女性取締役の割合は19パーセントだったが、現在では30パーセントとなった。[1] また、CEOの報酬について業績連動とする会社が飛躍的に増え、取締役の選任に過半数の賛成を必要とする多数決投票も2倍以上になった。[2]

インデックス投資は、対象銘柄を長期的に保有するので、企業の長期政策に懸念がある時に単に売ればいいというものではない。そこでバンガードは永続的株主である以上、積極的に役

割を果たそうとする。ガバナンスと議決権行使チームでは、アナリストが2000年の6人から35人に増えた。彼らは政策を詳しく文書化し、インデックスファンドの投資先企業経営者と議論をする。バンガードの議決権行使はこのチームのスタッフに任されている。

企業との議論の質と量は上がってきている。2002年に企業改革法（サーベンス・オクスレー法＝SOX法）が、企業の不正会計報告から投資家を保護するために制定されたからだ。2018年以降、バンガードは運用資産の75パーセントを占める1500社と直接面談した。2020年の株主総会の時期、対話の課題の半分は経営陣の報酬についてだった。アメリカの国内企業に対して働きかけ、その数は増加している。国外においても投資先各国でそれぞれ違いはあるものの（アメリカがいつも最も先端的なわけではない）、国際標準志向が強まっている。このチームのリーダー、グレン・ブーレムは「我々はすべてに関心があるわけではなく、正しいことだけに注目する」と説明する。

最近では、議決権行使案件の中に合併のような重要な出来事に伴うものや、ジェンダーの多様化のようなトピックスに関連するものも出ている。また、複雑な案件で投資先企業と長時間の対話を必要とするものもある。2019年の議決権行使総数は16万8786件だったが、そのほとんどはシンプルかつ定例化した議案で、問題となるものはほとんどなかった。バンガードは基本的にインスティテューショナル・シェアホルダー・サービシーズ（ISS）社（アメリカの大手議決権行使アドバイス会社）と足並みをそろえるが、必ずしもいつもそうだというわけではない。例えば2019

年、ISS社の賛成議案の7パーセントに対してバンガードは反対票を投じ、またISS社の反対議案の9パーセントにバンガードは賛成票を投じた。

バンガードが規制当局へ提出したガバナンス政策は公開されている。これは、他の投資家が声を上げることを期待して作られたもので、すべての議決権行使結果が報告されている。さらに、求められれば、バンガードの専門家は企業のリーダーにこの方針を説明する。しかし、これは、一部の学者には不評だ。

インデックス投資と議決権行使について懐疑的な2つの学者グループは、インデックスファンドはパワーを持ちすぎだと主張するが、この2グループの主張はかなり異なる。1つのグループは、インデックスファンドが議決権行使で経営に遠慮しすぎるのではないかとし、もう1つのグループは、大量の株を所有することから、経営陣に対してパワーを過度に発揮しすぎるのではないかと危惧する。ウォーレン・バフェットのパートナー、チャーリー・マンガーは、2022年初めに、ブラックロックのCEOについて、「ラリー・フィンクは世界的な男だと思うが、私の皇帝になってもらいたくはない」[3]と言及した。

また、学者の中には、インデックスファンドが何社もの航空会社株を所有している（すべての主要産業の株式も同様なのだが）ことが、航空会社間の運賃談合につながった、と言う者もいる。[4]また、3大インデックス運用会社が共同して企業の経営陣に圧力をかけ、特定の目的のために談合させるかもしれないという説を唱える者もいる。問題となったのは、2021年5月にバンガードがエクソンモービルの総会において、2人のアクティビスト（物言う株主）の取締役選任議案に賛成したことだった。この2人は、この石油会社に再生可能エネルギーへの転換を早急に進めさせると主張していた。他の大株主もこれに賛同した。

企業の長期戦略に影響を与えるバンガードの新しい議決権行使は、説得力があった。「多くのグローバル企業の動きと各国の政策が進む中、気候変動対応への目標設定圧力がエクソンモービルに対して高まっている」ことに言及し、バンガードは「重要なことは、バンガードは個々の企業経営に対し指図しないということだ。むしろ、企業の取締役会が戦略をどのように決め、リスクをどのように監督するかを理解していきたい。バンガードの議決権行使により、取締役会にはリスクと取締役の多様性に責任があることを示したい」と主張した。

アメリカ連邦取引委員会は、株式所有により新製品開発が遅れるか、競争が制限されるか、といった点についてヒアリングした。ブラックロックで長年働く副会長バーバラ・ノビックはこう書いている。「我々は、企業にどのような経営を行うかについて口をはさむつもりはなく、それにそんなことはできない」

ハーバード・ロースクールのジョン・コーツ教授は、インデックス投資を批判する急先鋒だった。彼は「12人の問題」という造語を編み出し、インデックス投資が2、3の会社に集中し、そこでは各社わずか12人ほどのグループが議決権行使の判断をしていて、数年後にはそうした約12人がアメリカの上場大企業の大半を支配するようになるだろうことを、懸念した。「チェック機能のない少数の担当者が、密室で、何百万もの人の生活に影響を与えている」

大企業の価格設定に関する反トラスト法案件を思い出して、コーツは「インデックス投資会社は、他社の運用成績と経営方針に関する情報を入手できるので、談合をする必要はない」「インデックス会社のマネジャーは自分の影響力を行使しても、ボーナスなどの報酬で報われるわけではない」と認めつつも、こう警告する。「主要インデックスファンドが行う特定企業のガバナンス体制についての判断は、議決権行使アドバイス会社の判断に強い影響を与えるはずだ。その結果、運用業界全体として、同じ判断をすることになる」

コーツの危惧の核心部分は、彼の文章の最終ページにはっきりと述べられている。「法が変わらない限り、インデックス投資が拡大すれば、我々の人生は経済的にインデックスにほぼ支配されることになる」。この最後の一文は読者の関心を引く。コーツは、「インデックスファンドが支持するアクティビストの脅迫的提案は、企業の新規投資の停滞と雇用削減を招く」として、「このパワーの行使は、企業の法的権利と責任を揺るがす」と結論づける。

別の学者は、全く違った観点から、インデックスファンドの議決権行使を制限すべきだ、と論じる。インデックスファンドは総会議案を分析する動機が薄いために情報不足のまま議決権を行使するので、彼らの行動は優れたガバナンスから程遠い、という理由だった。しかし、だからこそインデックスファンドは、取締役会のガバナンス機能をもっぱら重視し、個別の経営判断には立ち入らないのだ。

ＣＥＯのビル・マクナブは２０１７年７月、インデックスファンドは議決権行使を放棄すべきだという、ほぼ同様の学術論文に対して、「この論文の分析は不十分で、根本的に間違っている」と反論した。彼は、投資業界の受託者としてのバンガードの役割を次の２つの事項にまとめた。⑴我々はガバナンスに細心の注意を払っている、⑵我々はそれが得意だ、というものだ。

ジャック・ブレナンは、「顧客企業から『我々が気に入るように議決権行使しないなら、我が社の年金運用を解約する』と、言われたことはない。企業経営者が嫌がる投票もしたが、企業年金の仕事は増え続けている。よい会社は、我々が受託者であることを理解している。よい会社の経営陣は原理原則に忠実であり、企業年金のような重要なものを政治的に扱わない」と、明確に語る。

２０１６年の新聞で、証拠もないのに派手で人目を引く「パッシブ投資は共産主義より悪質」との記事[5]が掲載されたことがあった。これは、インデックス投資が人気になりすぎてアクティブ運用に代わることになれば、「市場の資金配分機能とひいては経済全体が縮小し、そしてやがてなくなるだろう」というものだった。検証してみよう。50万人以上、いや１００万人くらいの人が、アクティブ運用業界で高給を得る。この市場機能が低下すると、少なくとも半分から４分の３の人は、世界中で最も高給で魅力的な職場を去らなければならなくなる。89パーセントの商品は市場平均の成績に達しないにもかかわらず、毎年このアクティブ運用業界に参入する人の数は退出する人数より多い。このため、業界人口の減少はすぐには起きないだろう。

何十年も前、バンガードが販売手数料無料を打ち出した時、ある投資家が訴訟を起こした。彼はそれまで販売手数料を払ってきたので、不公正にコスト負担を強いられ、損失を被ったという理由だった。バンガードの取締役の誰もそんな話が通るとは思わなかった。しかし、その訴訟のために、ボーグルとリープは、多大な時間とエネルギーを費やすことになった。プラスマイナスを考えて、「5000ドルくらいなら、和解してはどうか」との声が社内で出てきた。それは原告の弁護士の要求額だった。ボーグルは頑なに「ノーだ。あり得ない」と譲らなかった。訴訟はその後1年続き、結局5000ドルで決着した。

1996年7月のある日、バンガードは4億3000万ドルの債券ファンド「アドミラル・ショート・ターム・ファンド」への、ヘイスティング財団からの4000万ドルの新規投資を断った。財団の副理事長は激怒し、すべての投資を「できるだけ速やかに」引き揚げ、バンガードとは二度と取引しない、というすべて大文字で書いたメッセージを送り付けた。

この騒動の原因は何だったのか。この財団へファンド投資予定期間を尋ねた時の返事が、「約2カ月」だった。バンガードのファンドは本来、長期投資を前提として設計しているので、

2カ月は短すぎる。ファンド資産の10パーセント近い金額の新規投資を受け入れ、それが2カ月で引き揚げられてしまうと、ファンドの経費率が上がり、他の投資家の負担となる。

ウォール・ストリート・ジャーナル紙は人目を引く「バンガードは駐車禁止の標識を出した」との見出しで好意的に報じた。[6] ボーグルは、決断に自信を持っていた。4億3000万ドルのファンドに4000万ドルの新規投資があり、それが2カ月間とどまれば、バンガードは3万ドルの手数料を得られる。しかし、往復で合計8000万ドルになる財務省短期証券の売買手数料が5万ドル発生してしまい、その額は他の投資家が被ることになる。バンガードがヘイスティング財団に適切な財務省証券やより規模の大きいMMFを買うように提案したが、財団は拒否した。リターンが低かったからだ。

「正直さ」の持つ利点

バンガードが閉鎖するファンド、または新規受け付けを停止するファンドの話はたくさんある。バンガードは、不慣れな投資家に対して、一見魅力的と感じるかもしれないファンドの販売を断ることもある。人気が過熱している商品のリスクを強調して警告を発することはボーグルが始めた。経営陣は、運用会社として当然だと考える。

ほとんどの投資信託会社は、よい面を強調しがちだ。ボーグルは、自分が顧客だったら伝えてほしいことを、顧客に正確に誠実に言うように、としつこく言い渡していた。その方針はずいぶん前にさかのぼる。1991年、ヘルスケア株が人気沸騰していた時、ボーグルは、次のように警告を発した。

> 昨今、これまでの成績のよさからヘルスケアのポートフォリオが人気の的となっている。ほとんど同時期、その関連株に、新規と既存の投資家からかなりの資金が流れ込んだ（3カ月間で合計7600万ドル）。メディアがこの好成績のヘルスケア関連株にばかり関心を寄せるので、このポートフォリオへの投資に際し、そのリスクとリターンをよく理解してほしいと思い、このメモを書いている。
>
> ヘルスケアポートフォリオのリターンはとても高く、1991年2月28日までのこのファンドの過去1年、3年、5年間の年間平均リターンは、それぞれ+39・7パーセント、+24・5パーセント、+20・4パーセントだった。これに対し、S&P500は同時期、+14・7パーセント、+15・1パーセント、+13・9パーセントだった。しかし、絶対的に見ても、S&P500との比較においても、これだけの好成績が今後も続くことは考えられない。経験からすると、特定の業界の突出したハイリターンは永続しない。実際、好成績の後には成績が悪化することが多い。

ボーグルは1つの業種への集中投資の危険性に警告を発し続けた。2005年春、バンガードは再びヘルスケアファンドの新規募集を取りやめ、2017年秋までの12年間再開することはなかった（バンガードはその他の特化型ファンドについて何年間も募集を停止した）。再開の際も、ヘルスケアファンドを買い増したい既存客だけに販売した。ブレナンは、ファンドの再開はバンガードが「買い」の合図を出したということではないと、くぎを刺した。

ボーグルは社員にこう話していた。**「正直に伝えることの利点は多い。顧客にリスクの可能性をわかってもらうことは当然だが、顧客との関係を向上させ、会社の評価を高めることにもなる」**

２００８年の金融危機の際、バンガードは、資産急減に伴う採算悪化を相殺するため、今後必要になる手数料引き上げを顧客に知らせておくべきだと考え、ＳＥＣにその許可を求めた。しかし、ＳＥＣは「今後の」手数料見込額を目論見書に載せるのを認めなかった。そこで、顧客への四半期報告において、バンガードは非公式に今後の手数料引き上げの通知をした。これはＳＥＣの考えにも合致した。モーニングスターはこのバンガードの動きに対して好意的な記事を掲載した。

２０１５年、マクナブは「すべての投資信託の投資家への公開書簡」を、ウォール・ストリート・ジャーナル紙に寄稿した。[7] その内容は次のようなものだった。「世界金融危機以来、立法府や規制当局は市場経済の立て直しに奮闘してきた。彼らは金融システムのリスクを指摘し、ウォール街のマネーゲームが実体経済に再び打撃を与えることがないよう、対策を打った。現在、規制当局は、投資信託業界を混乱させる厳しい規制の導入を考えているようだ。アメリカの金融安定化監視委員会と主要国で構成する金融安定理事会は、大手投資信託会社も巨大銀行と同じシステム上重要な金融機関（SIFIs）とみなし、自己資本規制を課すことを考えていた。投資信託会社に資産の8パーセントに相当する資本準備金の保有を求めることは、顧客の長期リターンを著しく減少させる」

彼が説明するように、投資信託会社は借り入れによるレバレッジはかけない。一方、銀行や証券会社は自己資本の30倍までの借り入れが可能だ。さらに、市場暴落時でも、ファンドの顧客は「投げ売りはしない」。最後に、「ファンド会社が事業から撤退しても（毎年何百件もある）、そのリスクは限定的だ。ファンドの投資家は、利益を得ることもあれば、損失を被ることもあると承知している。ファンドは運用会社や関係金融機関と切り離して運営しているので、金融システム上のリスクは全く存在せず、公的支援の必要もない。リスクを決定づけるのは、金融機関の規模ではなく、借入額の規模だ。投資信託業は借り入れがほとんどない」と書いた。規制当局は最終的に理解した。

バンガードは、2019年のリポートで、「人はそれぞれ異なった価値観、倫理観を持ち、環境、社会問題への関心も高く、自分の信念を投資に反映したいと考えると、我々は理解している。一方、受託者として、すべての投資家のために彼らの目標に沿ってリターンを最大化する義務がある。顧客の中には社会問題や自分の信念に特化した投資をしたい人もいる。こうした投資家に対し、2000年からバンガードFTSEソーシャル・インデックスファンドを提供している。この広く分散された低コストのファンドは、人権、環境や社会問題に関心の高い企業のみを集めたベンチマークに追随している」と書いた。

ただ、バンガードは、このファンドの採用銘柄について、ふさわしくない銘柄が混じっているとのクレームを受けた。インデックス担当者とバンガードはすぐさま問題解決に動き、採用基準をより厳格にした。

インデックス投資は対象インデックスの動きの複製が基本で、そこには創造性も判断もない。そのため、投資家は結果が良くても悪くても驚かないはずだ。だからこそ2002年に実績がインデックスから外れた時、ブレナンは債券責任者を交代させた。

そのきっかけとなったのは、ダウ・ジョーンズ社のリチャード・ブラボによる次のニュースだった。「今年の第2四半期、市場が動揺した時、インデックスファンドは軒並み予想を下回る成績となった」。バンガードのトータル・ボンドマーケット・インデックスファンドの成績は、1四半期でインデックスを0・89パーセント下回ったと、彼はリポートに書いた。年率では3・6パーセントも低い！　このリポートによると、インデックスのリターンとの乖離は予想されていたが、債券ファンドにおいてこれほどの開きは「前代未聞」だった。ブラボによると、この220億ドルにもなるバンガードのファンドはここ10年間、手数料・経費差し引き前のインデックスファンドでは「ダントツ」だった。しかし、直近の債券市場は、信用格付けが低下した債券の比率が上昇した債券の5倍にまで達し、さらに、発行残高が300億ドルあるワールドコム社債の価格が3分の2の水準に急落する状況だった。最も一般的な債券インデックスには6873銘柄もの債券が含まれる。これはS&P500の13倍以上になる。「インデックス追随の選択を誤ると、運用会社にとって致命的だ」[8]

バンガードは、ファンドの成績が急落した理由を率直に説明した。銘柄選択において、値下がりが大きかった通信とエネルギー関連をオーバーウエートしていたり、アメリカ国債の代わりに高格付け社債を入れていたりしたことなどが原因になったほか、運用管理コストも成績不振の要因だとした。債券市場が信用リスクに対して今よりはるかに神経質だった時代に、バンガードはその債券ファンドのポートフォリオをより厳しい信用リスクにさらした。それまでは「国債を高格付け社債で代替すること」により大きなリターンが得られたが、今回はそれが裏目に出た。弁解できないことだった。これは、顧客の期待した手法ではなく、バンガードが顧客に約束した手法でもない。

ブレナンはCEOとして全責任を取り、誠実に顧客に対応した。彼は機関投資家を訪問し、説明した。そして、ファンドの債券チームを変革し、債券運用についてインデックスの厳格な再現を顧客に約束した。今後は「自分は市場よりうまくやれる」というような行動は禁止すると言った。

ブレナンが訪れた機関投資家の多くは、彼の来訪を評価した。

第19章 将来に向けて

巨大な資金力を持つバンガードにとって、将来への投資は経営の最重要課題の1つである。今後の柱をアドバイス業務と考えれば、それに必要なデータベースの拡充のため、個人の年金、相続まで含めた将来に向けた資産、負債の全体像について、大規模なアンケート調査を実施する意味は大きいだろう。

もう1つの柱である国際業務について、2019年の終わり頃、バンガードと中国のアリババ集団傘下のアント・フィナンシャル・サービシズ・グループは、合弁事業の設立を発表した。これは、中国の投資家が5700本のファンドの中から投資信託を選ぶのを支援するサービスを提供するものだ。アント社の運営するアリペイは利用者が現在9億人おり、それがこのサービスの潜在規模の大きさをうかがわせる。中国の証券市場はアマチュア投資家が主となっているが、将来は優れた調査力とITを持つ専門家に席を譲ることになるだろう。今のところ、アクティブ運用の投資信託はコスト差し引き後でもインデックスファンドに勝っている。それゆえに手数料も高く設定できる。

アント社とその創設者のジャック・マーには最近、中国政府の圧力がかかっている。アント社の新規株式公開は阻止され、ファンド事業は中央銀行の監視下に置かれている。しかし、バンガードは合弁事業を維持している。この合弁も中国政府の規制をずっと受けてきた。バンガードは、「我々は合弁事業を発展させるために投資を続ける。現在200万人以上の中国の投資家に適切なリスクで分散された質の高い投資ファンドを提供している。この200万人のための長期投資ファンドは、サービスが始まってからまだ1年だが、うまくいっている。世界中の投資家に貢献するというバンガードの使命の証しだ」と述べている。

近年バンガードはアメリカ国外でのビジネスに力を入れるが、あまりうまくいっていない。2020年10月、210億ドルの中国政府機関からの受託契約を打ち切り、個人投資家に集中することとなった。そして2021年春、中国で投資信託の販売を開始する計画を延期した。さらに日本、香港、台湾をはじめ、他の国外市場からも撤退している。金融サービスを世界的に拡大するのは容易ではない。うまくいっている例は、ほんのわずかしかない。

その理由の1つは、「外国」の運用機関に対する投資家の信頼があまりないことにある。もう1つは、どの国においても、規制当局が自国の銀行、保険会社、証券会社、運用機関といった金融サービス業者を保護しようとするからだ。規制当局は、自国の投資家のために何をすればよいか本当はわかっているが、変化を好まない。

国際業務においては、将来性があり、地元銀行保護の制約がほとんどないイギリスやオーストラリアなど10カ国での拡大を目指し、助言サービスに重点を置こうとしている。しかしながら、アメリカにおいても海外においても、投資アドバイス事業への転換はまだ始まったばかりだ。

バンガードは、主要な競合会社であるフィデリティやシュワブ社などに対して、顧客サービスで後れを取っている。運用資産が急激に膨らんだ影響や、業務の自動化に過去消極的だったこと、さらにはパンデミックによってリモート勤務が増えていることなど、原因は多岐にわたる。よくある問い合わせの解決に何時間もかかったり、ミスを犯したりする。顧客ごとに対応したサービスを求める顧客に「当社はそのようなサービスは提供していません」と答えたりする例もある。これらのトラブルはバンガードにおける新規顧客の獲得に大きな影響を与えているわけではないが、こうした状況を許したのは経営上の大きな過ちだ。

バンガードだけが投資家の利益になるようにと日々努力し、変わっていこうとしているのではない。バンガードもフィデリティも将来に向けて多額の投資を続け、長期的にはこの投資は効果があると確信している。フィデリティは社員数を増加させている。２０２１年９月、フィデリティは９０００人を新規に雇用する計画を発表した。この計画によって同社の人員は現状から22パーセント増え、総勢６万人以上となる。個人投資家の増加に対応するためで、雇用増を発表するのは同年中でこれで３度目だ。

２０２１年６月末までの１年間で、フィデリティは新規に１７０万の個人口座を獲得し、そのうちの69万７０００口座は35歳以下の顧客のものだった。フィデリティが新規雇用を計画する１万６０００人のうちの80パーセント近くは顧客対応の仕事に就くことになる。フィデリティはさらにＩＴ関係のサポートスタッフを増やし、新規サービスの提供を計画している。[1]そうした戦略がさらなる新規口座の獲得につながると、フィデリティは考えているようだ。

ほとんどの運用会社と同様に、バンガードの投資アドバイスは顧客の現金、株式、債券といった有価証券ポートフォリオだけに限定されている。安定した収入源や資産となる自宅や年金、将来の収入と預金の現在価値、そして将来受け取る可能性のある遺産などは、今後の生活設計において重要な要素だが、全く考慮されていない。

投資アドバイスのビジネスは量の拡大が重要だ。バンガードが巨大なＩＴ投資を進めていけば、自動化の助けによって、他に例を見ない個人個人のニーズに合わせた投資サービスを提供できる。バンガードはこれまで何十年にもわたり投資ビジネス界に大きな変革をもたらしてきた。そして、そのたゆまぬ変革をこれからも続けていく。

おわりに

世界の主要金融サービス企業の戦略コンサルタントであり、また高度に専門的な企業の社長として長い経験を持つ私は、これまでずっと卓越した企業の組織運営に大きな関心を持ち続けていた。「たまたまうまくいく」ということはない。**すべてのオリンピック選手なら知っているように、卓越した仕事をするには、いつも周到な準備が必要だ。**

独自の市場調査に基づいた戦略アドバイスを提供するグリニッジ・アソシエイツ社を私が設立した時、事業を成功させるには、有効なビジネスモデルに加えて、プロとして絶えず最高の仕事を目指す一流の人たちを引き付け、長く一緒に働ける組織であることが重要だと考えた。専門性の高いサービスを提供する企業の経営とリーダーシップについて書かれた本を探してみたところ、ほとんどないことがわかり、私は愕然とした。その多くはデイヴィッド・オグルヴィの『ある広告人の告白』（*Confessions of an Advertising Man*）のような優秀な人たちの自伝か、法律事務所によるつまらない通俗的なものだった。「どうすればよいか」という差し迫った課題を現実に突き付けられていたが、どれも役に立たないものばかりだった。まじめな雑誌記事には役立つものもあったが、多くは歴史的な説明も分析もない、現状を述べたものにすぎなかった。

自分が知りたいことを学ぶには、自分で調査するしかなかった。そこで私は、各専門分野の手本とされるような一流企業の何百人もの経営者にしつこく何度も質問を重ねた。弁護士、医師、コンサルタント、会計士、インベストメントバンカー、ファンドマネジャーらに会って同じ質問を繰り返した。「あなたの業界ではどの企業が最も優れていますか？　それはなぜですか？」と。「最も優れている」の定義は何かと尋ねられたら、「もしあなたに深刻な問題が起きた時、どこの会社に最も相談したいか、または、あなたにとって大切な人があなたと同じ分野に進もうとしているとしたら、自分の会社以外でどこがいいと勧めるか」だと答えていた。

ほとんどの場合、多くの人たちが同じ答えだったことに、まず驚いた。いずれも各分野で、同業者に広く知られている優良企業だ。コンサルタント業ではマッキンゼー・アンド・カンパニー、法律事務所ではクラバス・スウェイン・アンド・ムーア、医療はメイヨー・クリニック、金融はゴールドマン・サックス、資産運用ではキャピタル・グループだ。

次に驚いたことには、こうして選んだ企業の経営者にまずインタビューし、比較研究しようとしたが、彼らは、「そんなことは意味がない。他の企業は我々とは全く異なる」と言う。彼らは同業他社だけを比較対象と考えていたのだ。しかし、さまざまな分野における卓越した企業を入念に比較してみると役に立つし、興味深いものだ、と伝えると、全員がこの研究に賛成してくれた。

それから、業界トップになり、そして少なくとも3代にわたる経営者がトップの地位を維持してきた偉大な企業を調査するうちに、またもや驚きがあった（卓越した企業の基準は人それぞれ異なる。よい企業から優良企業、そして業界で最高の企業になるよりさらに大変なことは、その企業の存続が長年にわたれば、経営者が変わるだけでなく、環境や競争相手、顧客のニーズ、技術や法律も変わることだ。それらの変化に対応して、優越性を保ち続けなければならない）。時とともに、どの企業も会社の内外から多くの困難に遭遇し、立ち直れないこともあり得る。問題の実態を見極め、分析し、解決する対応力が競争力維持の決定的条件となる。超優良と呼ばれるすべての企業は、常に自己分析し、間違いを修正し、自己変革を成し遂げている。

そうしたいくつかの会社が卓越した状況を維持するための重要条件は、少数の共通事項しかないことも驚きの1つだった。分野ごとの細かい違いはあるにしても、偉大な企業の成功要因は大筋において次のように似通っている。

- 企業の使命：設立目的の達成を鼓舞する
- 顧客本位：他のどの企業よりも効果的に顧客のために働くという確固たる決意
- 企業文化：顧客本位達成のための全社一丸となったチームワーク
- 採用：目的達成意欲が強く、能力の高い人材確保への熱意

- 研修：新規採用社員への強力な研修体制
- 技術革新：規模の大小を問わず、効率的で細やかな顧客サービスの技術革新に大胆に取り組む
- リーダーシップ：経営者は前記の各機能を効率的に組織化し、あらゆる面で継続的に高い実績を上げられるように努力する

もちろん、この7つの成功要因を長期にわたり同時達成することは、すべての企業に求められることだろう。しかし、長期にわたってこの7項目すべてを完璧に達成した企業だけが、真の勝者になる。アリストテレスが言ったように、幸せは高みを目指して行動することから生まれ、それを継続することから最高のものが生まれる。だからこそ、何百万もの人たちがバンガードを信頼して自分たちの蓄えを預けている理由を研究する価値はある。

読者は、私の当初の研究になぜバンガードが含まれていなかったのか、と疑問を抱くかもしれない。企業の成功は、少なくとも3代にわたってうまくいってこそ、そう呼べると私は考える。私が『企業の成功要因』[1]（*What It Takes*）を書くためのリサーチを始めた時、バンガードの経営者はまだ2代目だった。今や、同社のCEOは4代目となり、この7項目において秀逸な結果を残してきている。

2. American Investment Council, September 2021.
3. "Vanguard Rolls Back Plan to Cut Retiree Benefits," *Wall Street Journal*, October 11, 2021.

第17章

1. https://www.ssa.gov/benefits/retirement/planner/delayret.html

第18章

1. "Women Were 29% of U.S. Board Directors in 2020, Up From 19% in 2014," *Barron's*, https:// www .barrons .com /articles /women -are -29 -of -u-s -board -directors -in -2020 -up -from -19 -in -2014 -51626880842
2. "Does Majority Voting Improve Board Accountability?", Harvard Law School Forum on Corporate Governance, https://corpgov.law.harvard.edu/2015/11/27/does-majority-voting-improve-board-accountability/
3. Editorial Board, "Calling Out 'Emperor' Larry Fink," *Wall Street Journal*, February 18, 2022.
4. John C. Coates, "The Problem of Twelve," draft, September 20, 2018.
5. By Inigo Fraser-Jenkins of Alliance Bernstein.
6. Ellen B. Schultz, *Wall Street Journal*, July 2, 1996.
7. "The Tax Threat to Your Mutual Fund," May 7, 2015, p.A15.
8. "Corporate Bonds Index Funds No Longer the Old Stalwarts," Dow Jones Capital Market Report, July 12, 2002.

第19章

1. Justin Baer, "Fidelity to Add 9,000 More Jobs," *Wall Street Journal*, September 1, 2021, p.B1.

おわりに

1. Charles D. Ellis, *What It Takes: Seven Secrets of Success from the World's Greatest Professional Firms*, Wiley, 2013.

第6章

1. Julie Roher, "Doing it Jack Bogle's Way," *Institutional Investor,* March 1988.

第7章

1. John Neff, S. L. Mintz, *John Neff on Investing,* John Wiley & Sons, 2001.
2. *Neff on Investing,* p.61.
3. *Neff on Investing,* p.239.

第11章

1.John Wiley & Sons, 2006.

第13章

1. Hal Lux, "Can Vanguard Stay the Course?", *Institutional Investor,* August 1999, pp.44-49.
2. "The Vanguard Leader," fourth edition, April 14, 2014.

第14章

1. Penguin Random House UK, 2019.

第15章

1. Geoff Colvin, "C-Suite Strategies," *Fortune,* June 14, 2012, p.60.
2. Colvin, p.60.
3. Dawn Lim, "Vanguard Hits Pause on Fund Ambitions in China," *Wall Street Journal,* March 16, 2021.
4. Julie Segal, "Vanguard Exports Its Low-Cost Model Around the World," *Institutional Investor,* April 3, 2015.
5. "William McNabb, Chief Executive of Fund Giant Vanguard, to Step Down," July 13, 2017.

第16章

1. Michelle Celarier, "Deal Book," *New York Times,* December 4, 2021.

原 注

第1章

1. Robert Slater, *John Bogle and the Vanguard Experiment*, Irwin Professional Publishing, 1996, p.4.
2. Slater, p.5.
3. McGraw-Hill, 1993.
4. *Bogle on Mutual Funds: New Perspectives for the Intelligent Investor.*

第2章

1. Slater, p.15.
2. Slater, p.24.
3. *Institutional Investor* (date unknown).

第3章

1. Slater, p.39.
2. Slater, p.35.
3. Slater, p.52.
4. Slater, p.63.

第4章

1. Slater, p.84.
2. John C. Bogle, "Lightning Strikes," *The Journal of Portfolio Management,* 40th anniversary issue, Fall 2014.

第5章

1. https://www.investopedia.com/terms/g/greenmail.asp
2. Paul Samuelson, "Challenge to Judgement," in the inaugural issue of *The Journal of Portfolio Management,* October 10, 1974.
3. John C. Bogle, *Stay the Course,* Wiley, 2019. p.46.
4. Slater, p.96.

［著者］

チャールズ・エリス

Charles D. Ellis

1937年生まれ。イェール大学卒業後、ハーバード・ビジネス・スクールで最優秀MBA、ニューヨーク大学でPh.D.取得。ロックフェラー基金、ドナルドソン・ラフキン・ジェンレットを経て、1972年にグリニッジ・アソシエイツを設立し、2001年まで代表パートナーとして活躍。米国公認証券アナリスト協会会長、バンガード取締役などを歴任するほか、ハーバード・ビジネス・スクール、イェール大学大学院にて上級運用理論を教え、現在も、大手年金財団、政府機関や富裕層のファミリーオフィス等に投資助言を行う。著書に『キャピタル　驚異の資産運用会社』『チャールズ・エリスが選ぶ「投資の名言」』『チャールズ・エリスのインデックス投資入門』『敗者のゲーム』、共著に『投資の大原則』などがある。

［訳者］

鹿毛雄二

Yuji Kage

ユージン・パシフィック代表。東京大学経済学部卒業。長銀投資顧問社長、UBSアセットマネジメント会長兼社長、しんきんアセットマネジメント投信社長、企業年金連合会常務理事、ブラックストーン・グループ・ジャパン特別顧問、アセットマネジメント・ワン社外取締役、SMBC信託銀行社外監査役を歴任。

鹿毛房子

Fusako Kage

マーシー・カレッジ卒、ロングアイランド大学大学院中退（社会心理学）。ECC外語学院講師を29年間務めた。主な共訳書に『投資の大原則』『敗者のゲーム』などがある。

インサイド・バンガード

世界最強の資産運用会社

2023年11月24日　1版1刷

著　者　チャールズ・エリス
訳　者　鹿毛雄二＋鹿毛房子

発行者　國分正哉
発　行　株式会社日経ＢＰ
日本経済新聞出版
発　売　株式会社日経ＢＰマーケティング
〒105-8308 東京都港区虎ノ門4-3-12

装　幀　野網雄太
本文DTP　マーリンクレイン
印刷・製本　中央精版印刷株式会社

ISBN978-4-296-11760-4　Printed in Japan